マンガでよく分かる!

子どもを伸ばす

甘えのルール

Shin Senshu
信 千秋

SOGO HOREI PUBLISHING CO., LTD

プロローグ　愛されている自信が子どもを伸ばします

あるお母さんからこんな相談をいただきました。

「2歳のひとり息子が無気力で自分からは何もしないのです。ごはんも食べたくない、着替えもしたくない、保育所にも行きたくないと、まったくやる気がなく、ダダをこねて困らせます。どうしたらいいでしょうか？」

相談を聞いていると、この子とお母さんの間で起こってしまったことは、愛情と保護のすれ違いであることが分かりました。

この男の子は寂しかったのです。しかしそれは、保育所に預けたからでも、お母さんが働いていたからといったせいでもありません。愛情と保護とは時間の長さではなく、中身の質のことを言います。

子どもは情緒が不安定になったときに、ダダをこねたり、癇癪《かんしゃく》を起こしたりするものです。それを大きな声で怒鳴って

言うことを聞かせようとしてもまったく効果はありません。

逆に、子どもの心のバランスはますます乱れていきますし、お母さんは毎日ただ必死に子育てすることになり、疲れ果ててしまうことにもなります。

誰にもその大変さを分かってもらえず、つらさをひとりで背負い込み、孤独と不安を抱える日々を送っているお母さんも多いことと思います。

子育てでお母さんがすべき大切なことは、子どもに「愛されている」という実感を与えることなのです。

まず、子どもの心のエネルギーのもとである、お母さんからの愛を補充しなくては、子どもの心の中にある、やる気のエンジンはかかりません。

ダダをこねる、わがままを言う、乱暴になるといった乳幼児が示す行動の根本に流れているものは、「お母さんに甘えたい」という欲求です。

きちんと甘えさせてもらえた子どもに、情調不安定は起こりません。

「ほれてしまえば、おできの痕もエクボ」という言葉がありますが、子育てはま

ず子どもに「ほれる」ということからはじめてほしいと感じます。

人は誰でも多くの長所と短所を持っています。子どもを愛するとは、その長所と短所をまとめて好きになるということです。子どもは愛されることで自信を持ち、直すべき短所があれば、「自身で正していく」ようになるのです。

この本では、子どもが「自分は愛されているんだー」と心から感じ、自立へ向けて元気に育っていくために、お母さんに今すぐやってもらいたいことをマンガを使って分かりやすく紹介しています。

子どもは絶えず、お母さんやお父さんに働きかけています。

それは自分の要求や用件だけでなく、感謝やお礼の働きかけも多いのです。

それらを見極めて、お母さんが素直に認めると、子どもも素直に伸びていきます。

愛はキャッチボールのようなもので、相手のボールをしっかり受け止め合うことで、大きく育まれていくものなのです。

お母さんの愛情を上手に伝えて、子どもの自信を育てていきましょう。

信　千秋

子どもを伸ばす 甘えのルール 目次

プロローグ 愛されている自信が子どもを伸ばします 1

chapter 1 甘えのルール

3歳までに「甘えの欲求」をとことん満たしてあげましょう 10

お母さんが甘えさせてあげると子どもの心（情緒）が安定するのです 14

言葉よりも抱っこのほうが愛は伝わる 18

子育ての悩みの多くはタッチングで解決される 24

タッチングについての大切なポイント 28

子どもの涙の味を知っていますか？ 34

心に何で応えるのかが、「甘えさせ」と「甘やかし」の違い 40

お母さんがつらいときに効く、心のスイッチの切り替え方 44

chapter 2

しつけの3ルール

「子育てしつけ」で子どもに伝えたいこと 50

3つの領域からなる「子育てしつけ」 54

お母さんしかできない「情調」のしつけ 58

愛のある振動が心を健やかに育てる 62

自然が伝えてきた「体調」のしつけ 68

子どもの勇気と自信が育つジョイント・モーション 72

肌への刺激が「体調」のしつけでもっとも大切 76

信頼が育てる「親和」のしつけ 80

親和力を育てる「自分を愛する気持ち」 84

自己主張と自我主張を見分けるコツ 88

物を可愛がってあげる大切さを伝えましょう 92

chapter 3

ほめ方・叱り方のルール

ほめ言葉が子どもの自信と気力を支えます　98

お母さんの役に立つことが
自信とやる気が育つ最大のポイント　104

叩かれた子どもの心に残る消えない傷　108

尊敬される人に触れられると、
子どもは賢くなります　112

バカと言いつづけると、
子どもは本当にバカになってしまいます　116

良い「干渉」が子どもの自立心を育てます　120

使ってはいけない「ウソ言葉」と「ケチ言葉」　124

chapter 4

子どもの自信を伸ばすママの力

大変で、大切なお母さんを、みんなでサポート 130
お手伝いで子どもの生きる力が育ちます 136
仲の良いきょうだいを育てるときのルール① 142
仲の良いきょうだいを育てるときのルール② 146
子どものプライドを大切にしてあげましょう 152
100%の愛が、強くやさしい子に育てます 156

エピローグ 162

編集協力●株式会社トレンド・プロ
イラスト・マンガ●まつやま登／ad-manga.com
装丁・本文デザイン●八木美枝

chapter 1

甘えのルール

3歳までに「甘えの欲求」を
とことん満たしてあげましょう

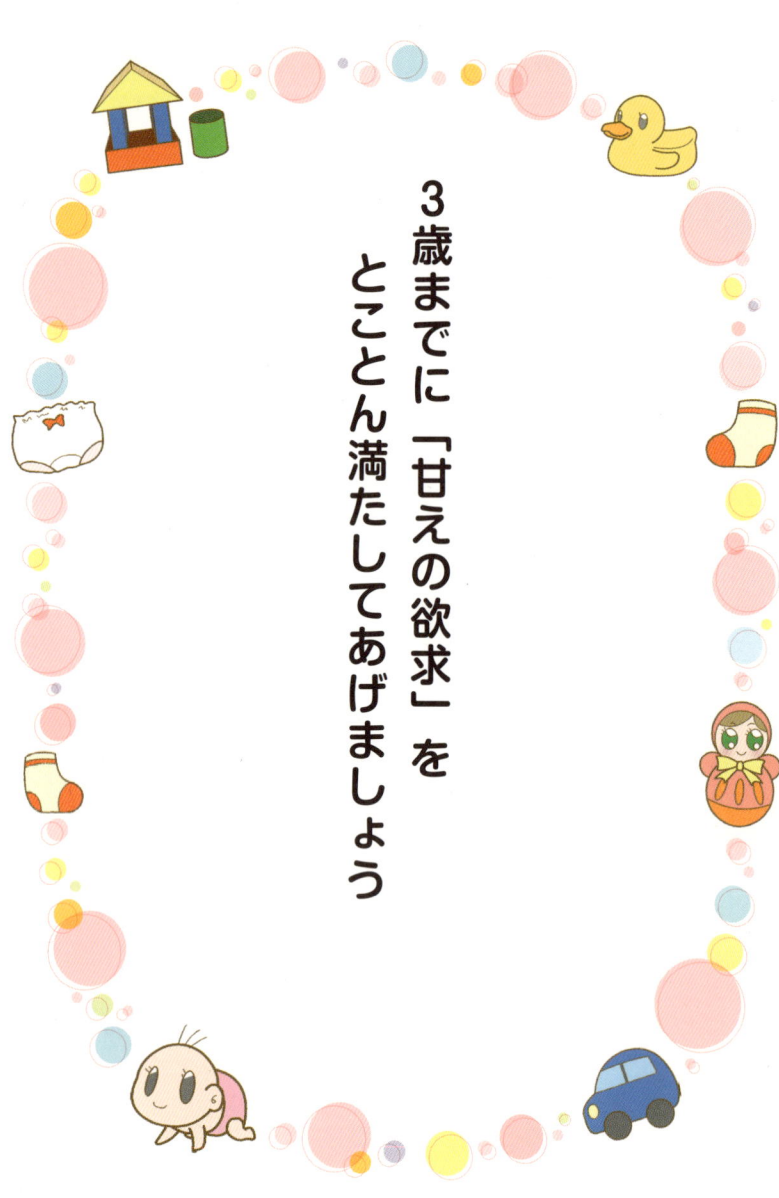

私たちは「甘え」というと、どうしても悪いイメージを持ってしまいます。しかし、人は誰でもまわりから受け入れられ、愛されたいという欲求を持っています。そのために、「自分は受け入れられている」「愛されている」という確認を得ようとするのです。それが「甘え」という行為になって表れるのです。

甘えは人としてとても基本的な欲求です。

3歳までにこの甘えの欲求を十分に満たされた子どもは、「自分は人に受け入れられている」「愛されている」という自信を持ちます。これが心の土台となって、基本的に、あとはもう人に甘えなくても自立の道を歩んでいくことができます。

自立

お母さんが甘えさせてあげると
子どもの心（情緒）が安定するのです

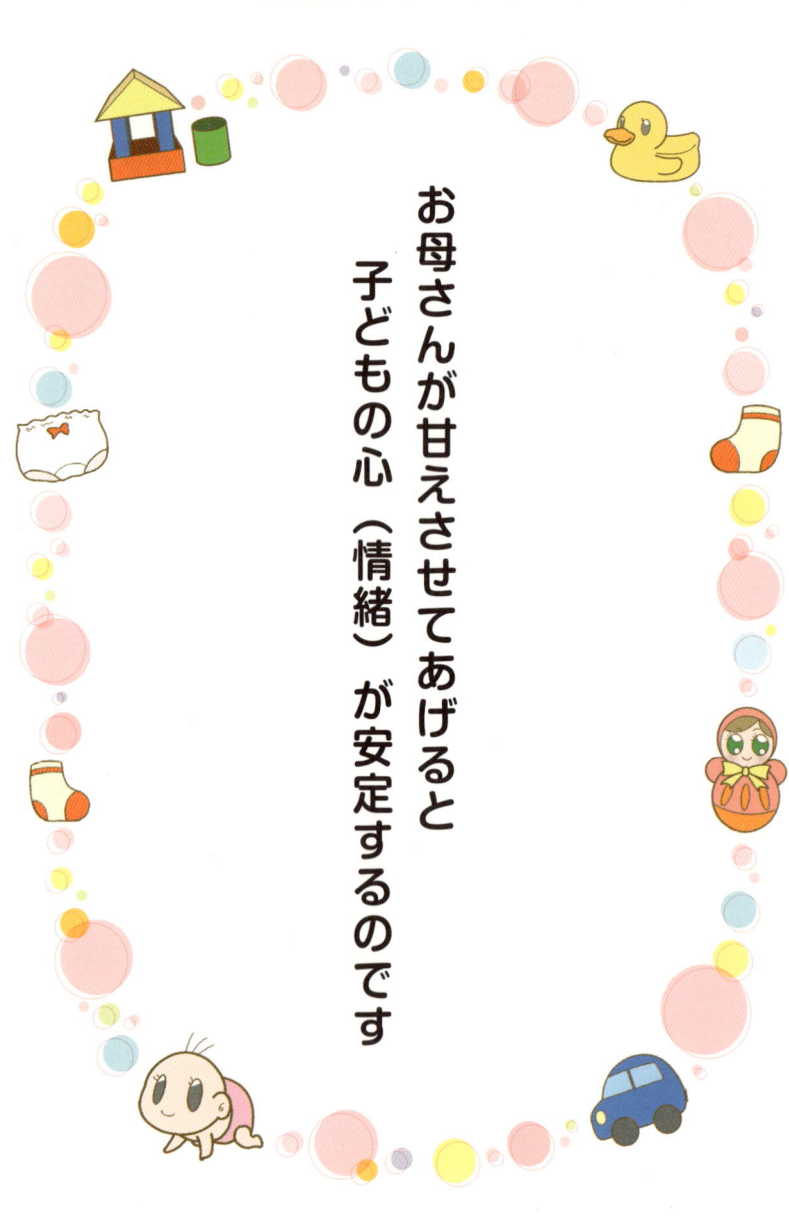

子どもは心、つまり情緒が不安定になってくると、お母さんへの甘えの要求を持ちます。

では、なぜお母さんへ甘えたがるのでしょうか。

その理由は、お母さんの子宮の中の胎児の状態に戻って、保護と愛情を確認したいからです。

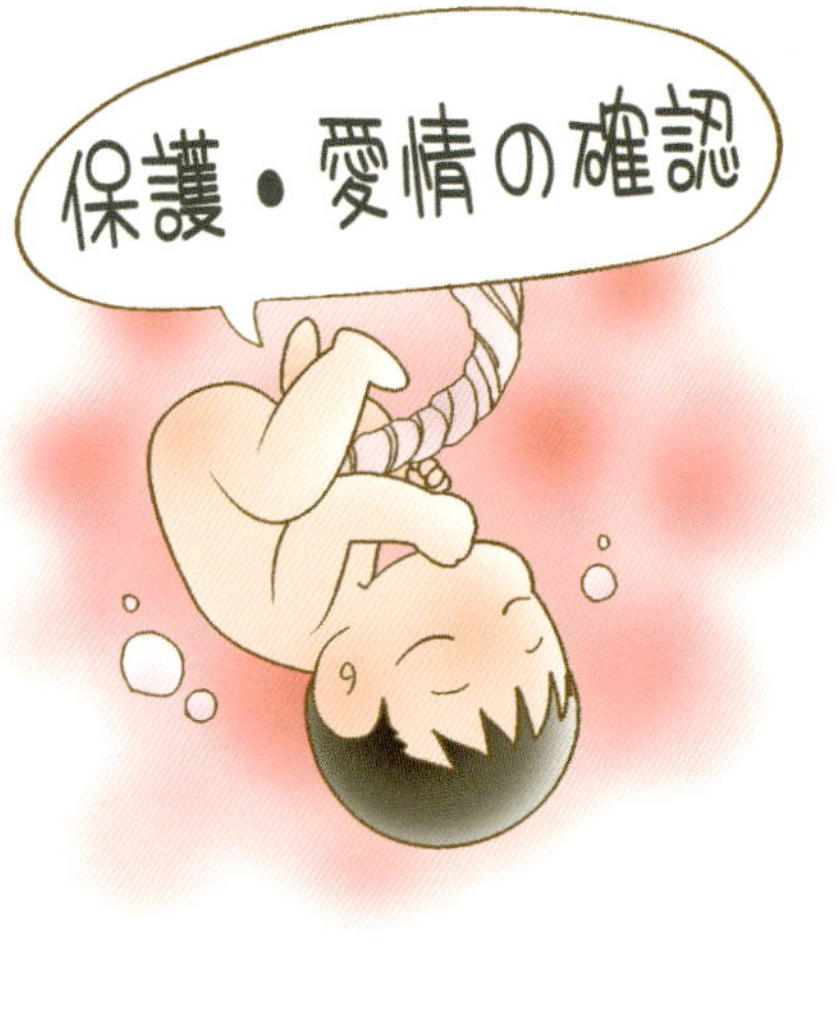

その欲求を満たしてあげられるいちばんの方法は、お母さんと子どもの皮膚接触を増やしてあげることです。子どもが母親に抱きついていたいときには、母親もぎゅーっと子どもを抱いてあげてください。子どもの心、つまり情緒が落ち着くもっとも効果的な方法です。

不安
怒り
不満
悲しみ
お母さ～ん！
ぎゅーっ
抱きしめることで、子どもの情緒が落ち着いていきますこの甘えの感情を、小さなときに満たしておけば、その後の人生に立ち向かう土台ができるし、満たされなければ、表面には出てこなくても、ずっと潜在的に残りつづけます。

親にたいして甘えなくても、友達や保育園の先生に甘えをぶつけます。受け入れ相手がいないと、周囲への八つ当たりや、自損行為、ひいては他損行為という行動になります。

甘えの欲求が満たされている場合
その後の人生へ立ち向かう土台ができるので
ちょっとやそっとの困難には負けません
土台

甘えの欲求が満たされていない場合
あとでね
だっこー
周囲への八つ当たりや自損・他損行為など
問題を抱え込む子どもに育ってしまいます

言葉よりも抱っこのほうが愛は伝わる

3歳までは「愛されている」と感じるメッセージを大量に送りましょう、と述べました。その方法としていちばん効果的なのが皮膚接触です。私はこれを「タッチング」と呼んでいます。

具体的には、抱いたりおんぶをしたり、頬ずりしたり、涙をふいて、髪をなでる行為を言います。

もちろん、「パパもママもあなたを愛しているわ。大好きよ」と毎日語りかけてあげることも大切です。しかし、言葉だけでは愛を伝えるには限界があるのです。

私たち大人でも、何か悩みごとがあるとき、心が非常に不安定で心細いときには、恋人や夫、自分の大好きな人や大切な人に、抱きしめてもらいたいと思うでしょう。それと同じように子どももタッチングにより安心したいのです。

子どもがケガをしたり、何かに怯えたり、迷子になって泣きそうなところでやっと出会ったりしたときも、コツを心得たお母さんは、言葉よりまずタッチングです。

ぎゅーっと強く抱きしめて「よしよし」「もう大丈夫よ」と言いながら、背中や髪をなでてやったり、涙をふいてやったりします。そうすると、子どもの気持ちはじきにおさまります。

迷子センター
ママ…
マミちゃん!!
ばんっ
ママ!!
ふぇ…
ママ心配したのよーっ!
無事で良かったわマミちゃん
ママが来たからもう泣かなくても大丈夫よ
頑張ったねえらいね
うわーんっ!!
言葉だけでは不安な気持ちは取り除けません

迷子センター
お母さん
みおちゃん!!
ばんっ
お母さんっ!!
ふえ…
ぎゅーっ
よしよし
もう
大丈夫よ
えへへ

子育ての悩みの多くは
タッチングで解決される

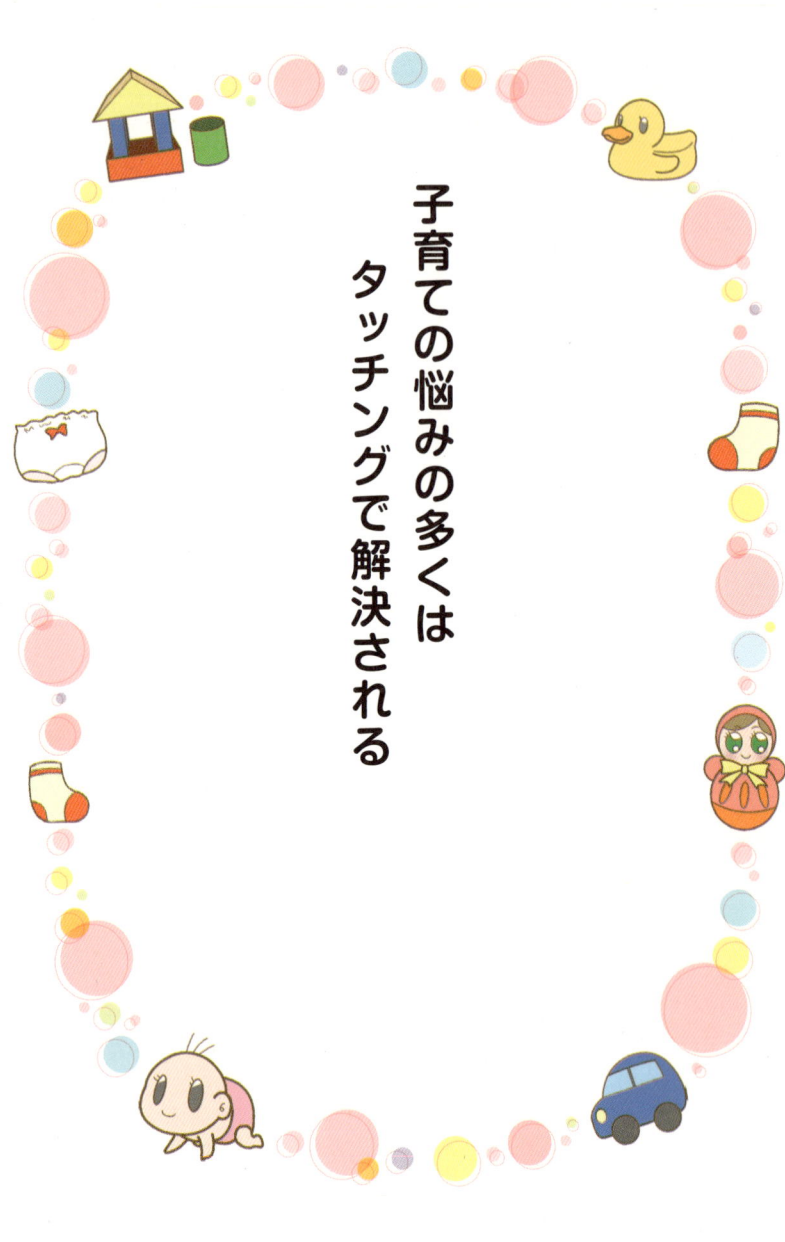

私は1975年に「子育て一一〇番」という相談電話を開設しました。

それにともない育児の相談が相次いで寄せられ、開設以来32年、2007年の段階の集計で、総計3万7500件の相談を受けつけました。

相談の内容は、「赤ん坊が夜泣きをする」「生後6カ月でも離乳できない」「髪の毛が薄くて心配」といったものが多くを占めます。

少し大きなお子さんがいるご家庭であれば、「小学校2年生の子どもがアリなどの虫を平気で踏みつぶす」「4歳の娘が友達にかみつく」「登校拒否で毎日『死にたい』と言う」といった子どもの精神の不安定が伺えるものもあ

ります。

それに加え「子育てに疲れた」「夫と子育ての方針が合わない」といった、母親の精神の疲れや夫婦間の問題まで実にさまざまです。

これらはたいてい子どもと母親の心理の不安、つまり情緒不安定が根底にあります。

そんなお母さんたちに、昔のお母さんたちがやっていたようなタッチングを十分に行っているかを尋ねると、十中八九、「言われてみれば、たしかに足りなかった」という回答が戻ってきます。だから「今から不足を取り戻すつもりで、とにかくベタベタして、目いっぱい甘えさせてやりなさい」とアドバイスしているのです。

すると、予想以上に早く「子どもの心が安定した」とお返事がきます。

問題になる事柄はさまざまでも、幼児の場合は、夜ひとりで寝ていたのなら添い寝をしてもらったり、とっくに卒業したおっぱいを飲ませてもらった

り、お母さんにお風呂で長い時間遊んでもらったりすると、深刻なものでなければ、それだけで、4、5日から1週間ほどで落ち着くことが多いのです。

タッチングについての大切なポイント

タッチングがどのような効果をもたらすかは、お分かりいただけたことと思います。

ここで、タッチングを行うにあたって大切なポイントをお話しいたします。

触れ合いのことをよくスキンシップと表現することがあります。タッチングもスキンシップのように「接触」という意味を持ちますが、その方法は少し違っています。

スキンシップがただの触れ合い

なのに対し、タッチングは同じ接触でも、「圧力をともなった接触」のことをさすのです。

握手や抱擁《ほうよう》も圧力がないと心が伝わりません。ギュッと力を込めて握りあったり抱きしめ合って、はじめて相手への行為や真剣さが通じます。

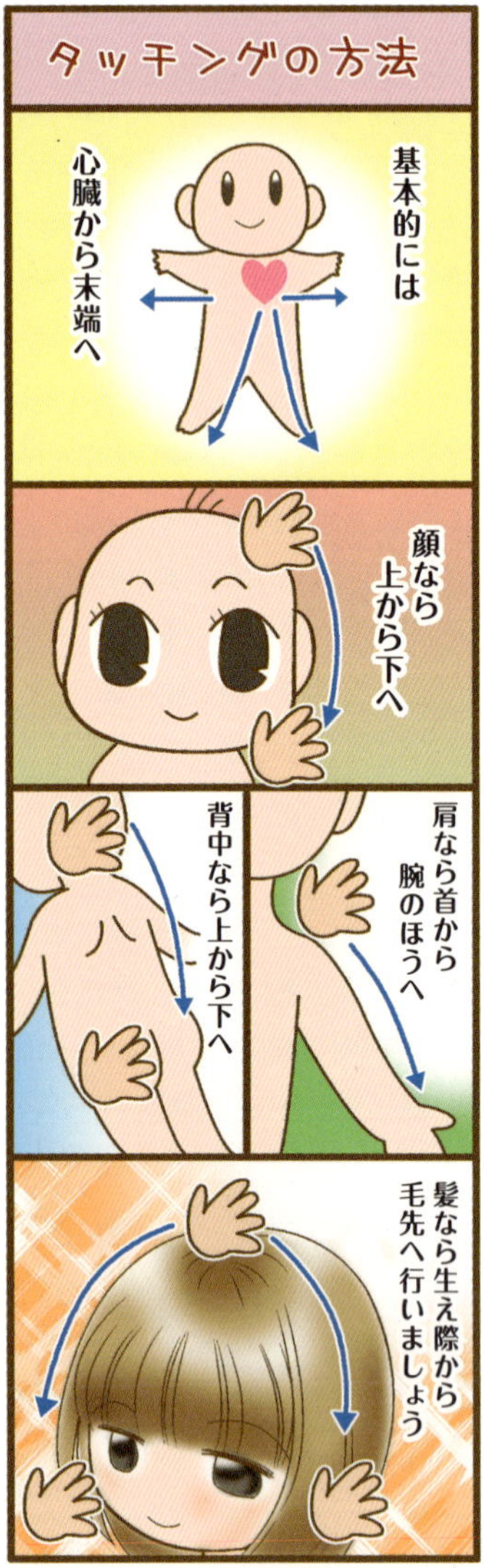

タッチングの方法
基本的には
心臓から末端へ
顔なら
上から下へ
肩なら首から
腕のほうへ
背中なら上から下へ
髪なら生え際から
毛先へ行いましょう

また、タッチングには「人を感動させる」という意味も含まれており、だからこそ親子にはスキンシップではなく、タッチングを行って欲しいのです。

タッチングについての約束事は、気持ちのいい方向へ接触を移動させる、ということです。

なでるなら、基本的には心臓から末端へですが、顔なら上から下へ、肩なら首から腕のほうへ。背中なら上から下へ、髪な

ら生え際から毛先へ行ってください。

もう1つのポイントは、子どもの気分です。

子どもにも、「高揚期《こうようき》」と「低調期《ていちょうき》」という気分の波があります。

子どもの性格と情緒によって、明るくはしゃいで元気のいい時期と、暗く陰気に落ち込む時期が交互の波のように来ています。この波を「キャラクターリズム」と言います。

子どもが高揚期には、子育てのいろいろな改善を試してもいいですし、抱くときもぎゅーっと抱いたり、多少押しつけ的な接触をしても構いません。子どもが笑いながら、「お母さん、もう分かったから」と言って、逃げ出すくらいが丁度いいでしょう。

ただ、低調期には押しつけ的な接触を嫌がります。そんなときにはやさしく歩調を合わせて抱きしめてあげましょう。

幼児や児童になってからでも、毎日肌に触れていると、その日の子どもの心の状態が分かるようになります。

子どもの体調も同時に分かりますから、一石二鳥です。握手でも抱きしめでも良いので、折にふれてできるだけ子どもに触れましょう。

幼児期から習慣づけていれば、子どもが少年期になってもそれほど嫌がらないものです。

子どもの涙の味を知っていますか?

タッチングで大事なもう1つのポイントは、「良質な水分」への着目です。相談を受けていると、お母さんと子どもの肌の接触には、「水分」が本当に大切なのだということをひしひしと感じます。

ここでは、「水分」について少しくわしくお話ししましょう。

あなたは、お子さんの涙の味や、汗のにおいを知っていますか？

実は、赤ちゃんが甘えて泣くときと、お腹がすいて泣くときとでは、涙の味が違うのです。機嫌が良いときには、涙もツバも甘い味がするはずです。ぜひ、やってみてください。

動物のお母さんたちは、子どもをよくなめ回しています。あれは、その味が毎日のように変わっているからです。その変化に応じて、食べ物の与え方も、育て方もちゃんと変えているのです。自然の知恵です。

私もびっくりする例がありました。

異常な精神状態で激しい多動の子どものことで、あるお母さんから相談を受けたのです。そのとき私は、動物のお母さんを見習って

ためしに、「子どもをなめてごらん」と言ってみました。

お母さんは最初「えっ、なめるんですか？」と驚いていましたが、子どもを抱いて顔をぺろぺろとなめてやったそうです。すると、1週間くらいで多動などの異常行動がぴたりとやんでしまいました。そして今度はお母さんをなめたがったので、なめさせてやったとおっしゃっていました。

私はそれを聞いて、「この子育て方法は本物だ！」と確信しました。

大人でも、心の状態は体液に直に影響しています。

お母さんも心配ごとがあったりして情緒の不安定なときがつづくと、体内の内分泌物（リンパ系やホルモン系）の質が大きく変わります。こんなときは、お母さんの体臭までおかしくなっているのです。だから赤ちゃんが抱かれてむずかったりします。母乳の味も悪くなります。

おっぱいはお母さんの食べ物やその日の気持ちの状態で、甘かったり苦かったりと、びっくりするくらい味が違うのです。

まだ授乳中の方は、ためしにおっぱいを絞って飲んでみてください。赤ちゃんに何の原因もなさそうなのに、機嫌が悪く、泣きやまないときには、自分の心理を顧《かえり》みる必要があります。

また、水分を通して皮膚と心の関係を見ることもできます。心の状態は肌にそのまま表れているので、大人もストレスで肌が荒れます。

昔から、「子どもは『さんずい』を大切に育てていれば、まず間違いない」と伝えられています。子どもの「涙、汗、涎《よだれ》、鼻水」、そして遊びの中の「汚れ」も含まれます。

子どもの心の状態を知りたいときには、子どもの汗や涙をなめてみてください。甘いか、辛いか、酸っぱいか、苦いか。それが子どもの心の状態です。

心に何で応えるのかが、「甘えさせ」と「甘やかし」の違い

子どもの甘えの心を満たしてあげようと思ったときに大切なことは、「甘え」と「甘やかし」の違いをお母さんが理解しておくことです。この違いは子育てのキーポイントと言えるでしょう。

甘えの欲求には「心の欲求」と「物質的な欲求」があります。

心の甘えにはどれほど応え与えても、けっして甘や

お母さ〜ん
よしよし
どうしたの?
これは「甘えさせ」

お母さ〜ん
今忙しいから
これでも食べてて
これは「甘やかし」

かしにはなりません。心、つまり情緒の満足感には精神の自立を早め、心を強くするパワーがあるからです。

一方、心の甘えにオモチャやお菓子で応えて、モノですり替えてしまうことは、甘えではなく甘やかしです。

デパートなどで幼児が大声で泣き叫び、「モノ」を要求したりするのは、心の甘えが満たされていないので、代わりにモノを要求しているのです。

心（情緒）の甘えには、心（情緒）の要求を満たしてあげることが大切です。

心で欲しがるものは、心で与える。それが「甘えのルール」です。

甘え

お母さんがつらいときに効く、心のスイッチの切り替え方

ところで、子どもの甘えの欲求を満たす必要があるときに、肝心のお母さんご自身のほうが不安定だと、子どもに甘えさせるどころではありません。

お母さんの情緒が安定していなくては、子どもにいいタッチングはできません。いくら子どもを抱きしめても、イライラしながら「こうしなくちゃ」という義務的行為なら、子どもも嫌がるでしょう。気持ちのすれ違いになります。

子どもが情緒不安定になってい

るお母さんを見ると、たいていお母さん自身も情緒不安定のことが多いようです。

お母さんご自身の情緒を安定させるには、自分の心をコントロールするスイッチは自分の手にあると認識することだと思います。

子どもの心を育てていくことだけに集中するのではなくて、お母さんが自分の心の状態を良く把握して、思わしくなければ感じ方のスイッチをちょっと切り替えてみましょう。

あるお母さんは、お姑さんからやることなすことすべてにケチをつけられて、ノイローゼ寸前でした。彼女はあるときひとり静かな場所で、「お義母《かあ》さんはどうして私にこんなにつらくあたるのかしら」と考えてみたそうです。

そうしたらふと「もしかしたら寂しいのかもしれない」という考えが浮かんできて、それからは子どもを見守るようなつもりでお姑さんの言動を見守ることができるようになったそうです。

そこからはすべてがスムーズに展開して、お姑さんも気持ちが落ち着き、素直な対応をしてくれるようになって、家の中全体が明るくなったということでした。

お母さん自身の情緒の安定は、お母さんがまわりから受ける刺激をどう感じるかで決まります。

何か不安なことがあったり、悩みがあったりするときには、この感じ方の方向転換をためしてみてください。

スイッチの切り替え
嫌い
うっとおしい
相手してほしい？
見守る
OFF
ON

chapter

2

しつけの3ルール

「子育てしつけ」で子どもに伝えたいこと

この章では「甘えさせ」と同じくらい重要な子育てのポイントである、「しつけ」についてお話ししたいと思います。

3歳までに心を愛で満たされて、十分に甘えさせてもらえた子どもには、お母さんがびっくりするほどスムーズにしつけが伝わります。

では、子育てのしつけとはどんなものなのでしょうか？

もともと生命は、楽しさ（快適さ）の追求から生まれたものです

から、当然として子どもの命も心も楽しさを求めています。ですから、「子育てしつけ」も「楽しく」が基本です。

　私がなぜわざわざ「しつけ」の頭に「子育て」をつけるかというと、社会でよく聞く「しつけ」という言葉の使い方が間違っていると感じるからです。本当の意味からほど遠くなって、目的も手段も見失われているように思われます。

　お母さんの中には「うちの3歳の息子には行儀作法も厳しくしつけていますので」とおっしゃる方もいますが、これなどはすでに、訓練（トレーニング）や学習をしつけと思い込んでいる「勘違いしつけ」です。

本来のしつけとは、子どもの心身の行動能力の訓練や、行儀作法などの学習のようなものとは、まったく違うことに気づいてください。

子育てのとき、子ども自身の自立精神を促し、生き方を楽しく豊かにする行動の知恵を伝えるのが「子育てしつけ」の目的です。

3つの領域からなる「子育てしつけ」

「子育てしつけ」には3つの領域があります。

「情調」のしつけ

子ども自身が自分の情緒をコントロール（調整）できるようになるためのしつけ

「体調」のしつけ

子どもが自分自身の体を整えられるようにするためのしつけ

「親和」のしつけ

まわりの友だちや人や物事と良いかかわり合いができるようになるためのしつけ

「子育てしつけ」とは、子どもの情調と体調と親和を整えて、人としてのベースを作ることです。

「情調」のしつけとは

不安
不安
不安
不安
でも
負けないっ
ゴン
不安
自分の情緒を
コントロールできる
ようになるしつけ

「体調」のしつけとは

ニンジン
嫌い
お着替え
しない――っ
ひとりで
着れたよ
自分自身の体を
整えられるように
なるしつけ

「親和」のしつけとは

もじ
もじ
きゃはは
いっしょに
あそぼ！
いいよーっ
周囲の人や物事と
良いかかわり合いが
できるように
なるしつけ

建築にたとえれば基礎工事の領域になります。先ほど述べた「訓練」や「学習」はその上に築かれる建物と言えるでしょう。基礎工事が不十分なうちに、建物を建てたり内装工事を行ったりしたら、その建築物はガタガタになってしまいます。

逆に、基礎工事である「子育て」しつけがしっかりと安定したあとであれば、社会や集団生活のルールなどの訓練、学習を吸収し。立派な人物へと成長するのです。

それを意識していただいた上で、子育てしつけの具体的なお話しに進みたいと思います。

お母さんしかできない「情調」のしつけ

子育てしつけの基本は、3つのしつけを混同させないことです。とくに「情調」のしつけと、「体調」「親和」のしつけの区別をはっきりとさせましょう。

なぜなら、「体調」「親和」のしつけは、お父さんや身近な人に協力してもらえるしつけですが、「情調」のしつけに関してはお母さんにしかできない仕事だからです。

これを混同したり、はじめの目的を見失ったりすると「勘違いしつけ」、つまり間違い子育てにつながります。

「情調」のしつけというのは、子どもの情緒の安定を目的とします。

もともと子どもの情緒は、本人の感性と性格のかかわり合いから生まれたものですが、これが日々の対人関係と環境の影響を受けて絶えず変化し、安定したり不安的になったりしています。

子どもは情緒不安定になると、しぐさや動作にその傾向が表れます。

- **絶えず頭をかきむしる**
- **目線を合わせない**
- **すぐ目をパチパチする**
- **人を無視する**
- **頬をピクピクさせる**
- **したいことに執着する**
- **じっとできない**
- **わがままを言う**
- **言うことを聞かない**
- **すぐに泣きわめく**

これらは情緒不安定な状態にあるときに、子どもがよくする行為です。

この安定と不安定の波をできるだけ小さくし、情緒性のパニックを引き起こさないように安定させるのが「情調」のしつけです。

ボリ
ボリ
う〜〜〜
あ
情緒不安定になってる
イライラ
ぎゅっ
どうしたの?
情緒のパニックを引き起こさせない「情調」のしつけはタッチングがキーワード

この不安は、「甘えの不足」での欲求不満が原因です。chapter 1にてもお話ししましたが、お母さんが子どもの甘えの欲求を上手に満たしてあげると、不安の波はだんだん小さくなっていきます。それが情緒の安定を永続させるしつけになるのです。

「情調」のしつけはタッチング、つまり感動の触れ合いを多く与えることがキーワードです。

愛のある振動が心を健やかに育てる

子どものしつけの中でも、もっとも早くはじめるのが、「情調」のしつけです。なぜなら、妊娠中の胎児への働きかけから、すでにしつけがはじまっている、と言えるからです。

たとえば、妊娠12週ごろには愛称（胎名）で話しかけたり、「振動」で交流したりすることでお母さんは胎児への愛を伝えています。

「情調」のしつけには、この振動がキーポイントとなります。

命とは、卵子と精子が出会うための、振動の合図からはじまります。そのため、命は成長するあいだ、絶えずこのような音や刺激を待っているのです。

授乳するときに、赤ちゃんはお母さんの顔をじーっと見つめ、「あぶあぶ」

と喃語《なんご》で話し出します。お母さんへの愛を訴えているのです。お母さんもそれに「そう、おいしいの。いっぱい飲んで大きくなってね」とやさしく応えますね。

この語り合いは「ラブ・トーク（love talk）」といい、効果的な振動の伝え方です。

抱きしめのタッチングと一緒に、このラブ・トークも多く活用すれば、子どもの情緒が安定すると同時に、子どもが自分自身の情緒の安定の仕方を学び覚えることになるのです。

お母さんが子どもを愛し育てるとは、子どもの命が期待している、合う振動を与えるということです。

大人同士でも「あの人とは波動が合わない気がする」という現象が起きたりしますが、それは愛がない振動を送り合っているために起こることです。

あいつとは
波動が合わない
『愛のない振動の
送り合い』

愛を持つ声や振動は、命と心の成長に大切な栄養素なのです。
子どもの心に感動を与えるには、タッチングとラブ・トークという、2つの振動による触れ合いが必ず必要となります。
ここでいう感動とは、本や映画から受ける感動のことではありません。
情調のしつけに必要な感動とは、話の伝え聞きのような頭への刺激ではなくて、現実の感動（肌に感じる）が大切と覚えてください。

お母さんが子どもに感動（振動）を伝える場合、その振動が子どもの心の振動と同調（共鳴）したとき最良の感動を伝えられます。

子どもの情緒も絶えず、何にでも積極的に動き楽しく明るい顔をしている安定期と、陰気に落ち込んだくらい顔の不安定期とに揺れ動く波があります。

今がどんな心の状態であるのかを見極め、良いタイミングで振動を伝えてあげましょう。

自然が伝えてきた「体調」のしつけ

つぎに、子ども自身の「体調」のしつけです。意外と成り行きまかせのお母さんが多いのが、この「体調」のしつけでしょう。

うまくいっていない例にはこんなものが挙げられます。

- **好き嫌いの多さ**
- **乱暴な食べ方**
- **遊び食い**
- **オムツ離れの遅れ**
- **排便習慣の拒否**
- **お風呂嫌い**
- **着替えを嫌がる**

「体調」のしつけは、命をすくすくと育てることが目的です。

幼児期から顔を洗い、歯みがきをし、トイレの始末といろいろありますが、子どもは誰でも進んではしないものです。習慣の変更がともなうのでエネルギーを消耗するからです。

食事についても同じです。

大人からすると、離乳食はやわらかくて飲み込みやすいものですが、幼児

歯磨きするよ
しない
お風呂入るよ
やだっ
まあー1日や2日お風呂入らなくても
歯磨きしなくても死ぬわけじゃないしいいか――
子どもが嫌がるからといって成り行きまかせにしていませんか?
ぎくっ
うっ

にとっては違います。今まで母乳やミルクだけを口にしていたのに、突然液体から固体に変わるのです。人生を通してみても、これほど大きな変化はないかもしれません。

幼児にも、好き嫌いはあります。食事のたびに大騒ぎ、歯を食いしばって開けない子どもの口に無理やり押し込むよりも、なぜ好き嫌いがあるのか、その理由を調べましょう。

味、匂い、硬さ、喉ごしなど食感といわれるものがそれを決めていることが分かります。子どもの好きな食材の食感にあわせて嫌いなものを調理してみましょう。案外、簡単に食べてくれるものです。

お母さんがうれしそうに、「おいしいなー」と言いながら食べて見せることも、コツのひとつです。

「体調」のしつけのポイントは、遊びに含めて楽しくするということです。

子どもの勇気と自信が育つ
ジョイント・モーション

フィギアスケートのペア競技やクラシックバレエなど、組で演技をする場合。相互の気合が合わないと事故になることもあります。

こういったつながった動きを「ジョイント・モーション」と言います。子育ての「体調」のしつけに、このジョイント・モーションをもっと取り入れたいものです。

たとえば、子どもが少し高い場所から、下で待っているお母さんに飛びつきます。お母さんはハイっと気合をかけて、子どもを下で受け止めるあの遊びなどが、ジョイント・モーションをうまく取り入れた遊びと言えます。

この遊びは、お母さんと子ど

もの信頼関係をぐんと伸ばします。子どもはちょっと怖いけど、お母さんがしっかり受け止めてくれたあとの安心感と達成感が、子どもの心に勇気と自信を与えます。良い「体調」のしつけです。

ジョイント・モーションが含まれるのは、アクティブな遊びだけではありません。

幼児は本来、泥んこ遊

びや水遊びが好きなものですが、最近はそんな遊びができる環境も少なくなってきています。

そこで、お風呂場で水遊びをさせましょう。風呂の温度を40度以下のぬるめにして、お母さんも一緒に体の洗いっこなどいいですね。きれいになるかは二の次にして、くすぐり合ったり、遊びながらならば、キャッキャと言って子どもは喜びます。それが楽しみになれば、体を清潔にするしつけのひとつになるのです。

歯磨きなども、子どもの好きな音楽を流しながら、お母さんも一緒にリズムに乗って行うのがコツです。

肌への刺激が「体調」のしつけでもっとも大切

「体調」のしつけでもっとも重要な役割を果たすのが「体性感覚」という皮膚感触です。子どもは大人の何倍という繊細な肌の触覚を持っているのです。

子どものしつけは、この体性感覚（肌の触覚）を十分理解してすると、比較的やさしくできます。

ただ、この快感を受け取る組織は皮膚の3ミリほど中にあるので、少し圧力が必要になります。タッチングに圧力が必要なのはこのためです。

抱きしめると子どもが喜ぶのはこの感覚が刺激されるからです。

また、この感覚を通して受けたしつけは、なかなか忘れないものです。逆にこの感覚に苦痛の刺激を与えると、それもなかなか忘れません。体罰がトラウマと

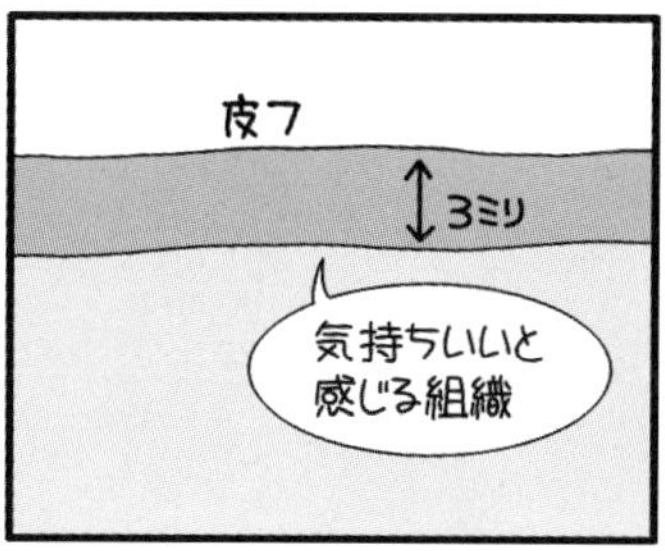

なるのはこのためです。

お母さんたちからの相談で「おむつ離れが難しい」というものを良く受けます。

紙おむつも便利でいいのですが、サラサラ快適に過ごせる紙おむつによって赤ちゃんの感覚が鈍り、おむつ離れが遅くなっているのではと考えられます。

そのため私は、感覚刺激を強めるために「紙おむつをやめて、多少手間がかかっても布おむつを使ってみてください」とアドバイスしています。

おしりがベトベトになる不快さを感じると、子どもはおむつを外したがります。何回かお

漏らしはしても、すぐにオマルやトイレでする快適さを覚えてくれます。

これも「体調」のしつけのひとつです。

また、「グルーミング（grooming）＝身繕い」も効果的です。

グルーミングとは、たとえば子どもの髪をお母さんがクシでとかしてあげたりすることです。

「きれいにしましょう。可愛くねー」と話しかけながら髪をとかします。子どもはうっとりして気持ち良さそうです。

これが体調のしつけの原点とも言えます。

つまり、子どもの体に「○○すると気持ちがいいんだよ」と伝えていくことです。

お母さんから伝わった快感記憶は将来まで残り、あとあと、自分の体を整える楽しさを覚えていくのです。

信頼が育てる「親和」のしつけ

次に、「親和」のしつけについてです。

子どもでも、1、2才と少し大きくなってくれば、公園や幼稚園などで人とかかわり合いになるため、集団性や社会性を身につけていることが大切になってきます。

「親和」のしつけでは、子どもが自分のまわりと仲良く調和していく力、つまり「親和力」を伝え育ててあげることができます。

この「親和力」は、子ども自身と外部の関係において、より積極的に親しく引き合う力、つまり愛の引力の強さのことです。

何事にも自信がないと、引っ込み思案や内弁慶などが原因で、登校拒否や引きこも

ってしまう子どもは、その子自身が誰よりもつらい思いをしています。

実は、「親和」のしつけでは子どもの自信を育てることができます。

子どもを保育園や幼稚園に送って行ったときに、その子を抱きしめてあげ「大好きな○○ちゃん、今日も元気に楽しく過ごしてね。いってらっしゃい！」と見送ってあげます。

これは自然とやっていることかしれませんが、実はお母さんの親和力が子どもに伝わって、とても効果的な「親和」のしつけになっているのです。

つまり、お母さんが子どもにたいしてやさしく愛情を伝えたいとする行為そのものが親和性のしつけになるのです。

ただ、そのときに子どもの心にお母さんへの信頼がなければうまくいきません。愛されている実感を子どもが持っているか、ということです。

そのために、お母さんは子どもが幼いときから、絶えず「○○ちゃん。悪いけど、このお手伝いをお願いね」と頼ることとです。そして手伝ってくれたら「ありがとう助かったわ」と、きちんとお礼をする習慣をつけましょう。

すると、「ぼく（わたし）は、お母さんにとって必要な人なんだ！」と、子どもは自分を肯定します。自信をつけるのです。

「親和」のしつけはこのようにしてはじまります。

親和力を育てる「自分を愛する気持ち」

よくお母さんから「うちの子は、友だちづくりがヘタで困ります」と相談を受けることがあります。このような場合、話を聞いていくと、だいたいその子は自己主張が苦手な子です。自信がないのですね。

親和力は、「まず自分自身の自信をつけることから」と前節でお話ししました。

そのために私がおすすめしていることは、自己愛（ナルシズム narcissism）です。

良いか悪いかではなく、人はそれぞれ違った面を持っています。それは、髪型であったり、肌がピカピカして健康的であったりと、さまざまであると思います。

大切なことは、その違い、人と異なっている点を発見して、自分にほれることなのです。

うぬぼれは悪いことだという風潮に惑わされてしまうと、自信喪失や自己嫌悪に追い込まれてしまう原因になります。

親和力の大きさはこの自己愛の大きさと正比例すると思いましょう。

自信は、ひけらかして自慢をしなければ、いくら持ってもかまわないものです。

子どもにもそれを伝えてあげましょう。

自己主張も簡単に曲げたり棄《す》てたりしないようにと、教えてあげましょう。

自己主張を自我主張と勘違いして棄《す》ててしまうと、かえって友だちと仲良く過ごすのが難しくなってしまうのです。

自己主張は大いに、自我主張はできるだけ少なくするのが、「親和」のしつけの大事な面です。子どもに伝えるときにはくれぐれも間違えないようにしましょう。

みよちゃんの長ーいまつげ
小さいおくち
ちゅ
ママ大好きよ
みよちゃんもまつげ好き
えへへ
おくち好き
自己愛から自信につながります

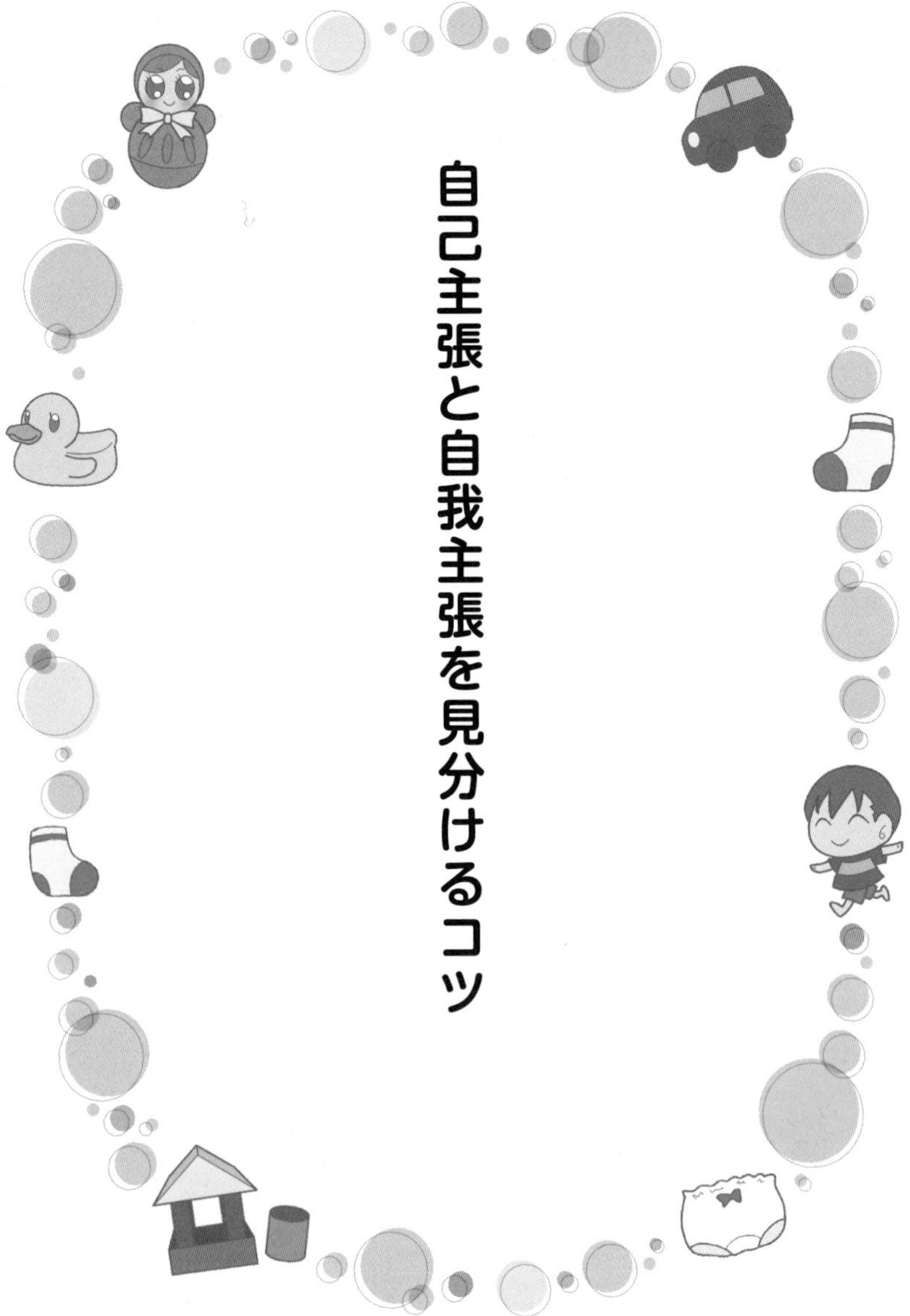

自己主張と自我主張を見分けるコツ

子どもも2、3歳になると、誰でも自己主張と自我主張をくり返し出します。

食べ物の好き嫌いから着るものまで、ああだ、こうだと言い出すものです。幼児でも自我には、欲と計算が根底にあります。

その要求で本人がモノを得するのか（自我主張）、モノを欲しがっているわけではないのか（自己主張）、ということで判断するのがコツです。

ただ、心の寂しさなどの、欲求不満を満たすためにモノを欲しがっている場合もあるので、そこは見逃さないようにしましょう。

赤ちゃんがお腹もすいていない、おむつも濡れていないのに、グズグズとむずかるときがあります。ママに甘えて抱いてほしいというおねだりですね。これは「寂しい」という自己主張ですからできるだけ受け入れてあげましょう。

このことは少し大きくなってもときどきあるはずです。お母さんが寝ているふとんの中に、するする潜り込んできたりすることがありますね。なにか心寂しい思いをしたのです。これなど、しばらくそのままにしていたら満足して寝ます。

甘やかしにはなりません。自我主張ではないからです。

一方、友だちと遊んでいるときに、おもちゃの取り合いなどをすること

自己主張
うわ〜ん
ガラッ
あら
おっきしたの?
だっこー
だっこー
目覚めが
悪かったのね

自我主張
もう
帰るよ
やだ
まだあそぶ
おもちゃコーナー
帰るってばっ
ギャー
あそぶのーっ
ギャー
かえら
ないのーっ

があります。

大好きなクルマを友だちが「貸して」と言う場合、「好きな自動車だろうけれど、しばらく貸してあげたらどうかな?」と言うのが、自我を抑えるしつけです。

でも、友だちがそのクルマを自分のものにしたいというなら、「あげなくてもいいよ」と言うしつけが、子どもの自己主張を守ってあげることにもなるのです。

物を可愛がってあげる
大切さを伝えましょう

子どもは情緒不安定になると、自分を抑えきれなくなるときがあります。まわりの人や、壁や机や本など何にでも当り散らすこともあるでしょう。でも不思議なことに、自分が愛着を持つ物には当らないのです。

人は物にこだわるときには、物そのものではなく、物がかかわった思い入れにこだわるものです。それは小さな子どもも同じです。

たとえば、幼児に砂利道《じゃりみち》を裸足で歩かせてみましょう。痛がって何歩も歩けません。そこでクツをはかせて歩かせます。ささやかなクツが、自分の足を守ってくれたことを伝えましょう。すると、子どもの中に「クツさん、ありがとう」という思い出が生まれます。

この一連の流れが「親和」のしつけになります。

「親和」のしつけで必要なのは、「物をきれいに使いなさい」とか「きちんとお片づけしましょう」などの、整理整頓の学習ではありません。物とのかかわりが、子どもの心の中にどれほど快い思いとして残されていくかです。

「心に残る思い」こそ、「親和」のしつけのキーワードということになります。

「物も愛情は分かるのよ」と、子どもに伝えてほしいのです。

chapter 3

ほめ方・叱り方のルール

ほめ言葉が子どもの自信と気力を支えます

幼児を育てているお母さんたちにアンケートを取り、子どもとの会話で一番多く使う言葉を順に挙げてもらいました。

①子どもを急かせる言葉……35％
「早く」「急いで」「グズグズしないで」など。

②他と比較をして、子どもを評価する言葉……34％
「どうしてこんなことができないの」「他の子はできているでしょ」など。

③命令や指示、子どもの自己評価を下げてしまう言葉……23％
「あれをしなさい」「これを片づけて」など。

④子どもに頼る、相談に乗ってもらうときの言葉……5％
「○○ちゃんはどう思う？」「考えて知恵を貸してくれない？」

⑤ほめ言葉、子どもの自己肯定につながる言葉……2％
「えらいね」「よくできました」「大好きだよ」

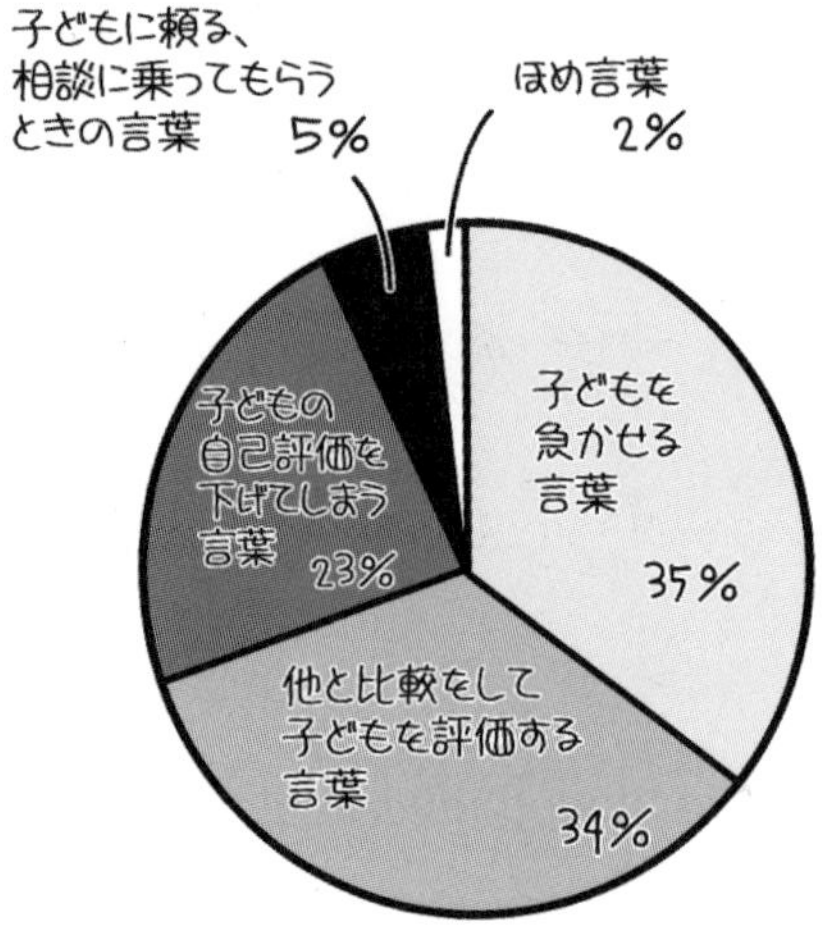

④と⑤の数字を合わせても7％で、言葉100個のうちほめ言葉が7個とはあまりに少なすぎる結果でした。これでは親子の会話とは言えません。

理想を言えば、1日の言葉の50％くらいがほめ言葉になるような会話を心がけてほしいものです。

そうすれば、子どもはぐんぐん成長を速めます。

もた
もた
もーっ 早く 食べてよっ
……
もーっ 早く 来なさいっ
洗濯物 ぐちゃぐちゃに しないでっ
はー どうしてうちの子は こう欠点ばかり なのかしら～
はたして それは欠点ですか?
もた
もた
ママの料理 味わってくれて いるのね
おはな
ありさん
道端の いろんなものを 観察しているのね
ママの お手伝いして くれてたのね
ママの見方が 間違っていたわっ
ごめんね～

親子の良い会話をするために、お母さんはまず聞き上手になることからはじめましょう。

以前、相談してきたあるお母さんは、

「うちの子はグズでのろまで鈍感で欠点だらけで、ほめるところなんてまったくありません」

と、平気で言い切りました。欠点を数え挙げれば、十いくつあると言うので、「では同じ数だけ子どもの長所を挙げてください」とお願いしたところ、「うーん」とうなって沈黙してしまいました。

色眼鏡をかけたままでは、心の全体が見えなくなります。欠点ばかりの子どもなんて、決しているわけはないのです。欠点が10あれば、長所は必ず10以上あります。もともとは欠点と思い込んでいたところが、よく見ると長所だったということもあるのです。

「ほれてしまえば、おできの痕もエクボ」という言葉があります。私は先のお母さんには「子どもへのほれ方が足りないのですよ」と伝えました。

それから一週間ほどして連絡がありました。

「目からウロコが落ちました。子どもに『悪かった』と謝りました。これからはもっと子どもにほれたいと思います」


ときどき、子どもが誕生したときのことを思い出しましょう。子どもは愛の結晶でした。子育ての原点はほれることからはじまるのです。それでなくては、多くの困難を乗り越えられません。

愛の結晶をほめて育てれば、子どもは必ず期待に応え、あなたを幸せにしてくれます。

お母さんの役に立つことが自信とやる気が育つ最大のポイント

あるお母さんからこんなご報告が届きました。

「植木がどんどん枯れていくので、4歳の息子に相談したら、『それは毛虫がいるからだよ』と教えてくれました。さっそく虫取りをしようとすると、それを手伝ってくれました。その後は枯れてしまう木もなく、息子も『僕だって役に立つだろう』と得意がっています」

お母さんが子どもを必要とし頼ると、子どもは自分の力を認めているお母さんを強く信頼するようになります。この信頼が子どもの心に自信を築きます。

子どもが家事の邪魔をして困ったときなどは、「邪魔だから、あっちで遊んできなさい」と言うよりも、「良かった。お手伝いしてくれるの？　じゃあ、テーブルを拭いてもらえるかな？」と大いに協力させましょう。

そして「〇〇ちゃんが手伝ってくれたおかげで、お母さん助かったわ！　ありがとう」と喜びまし

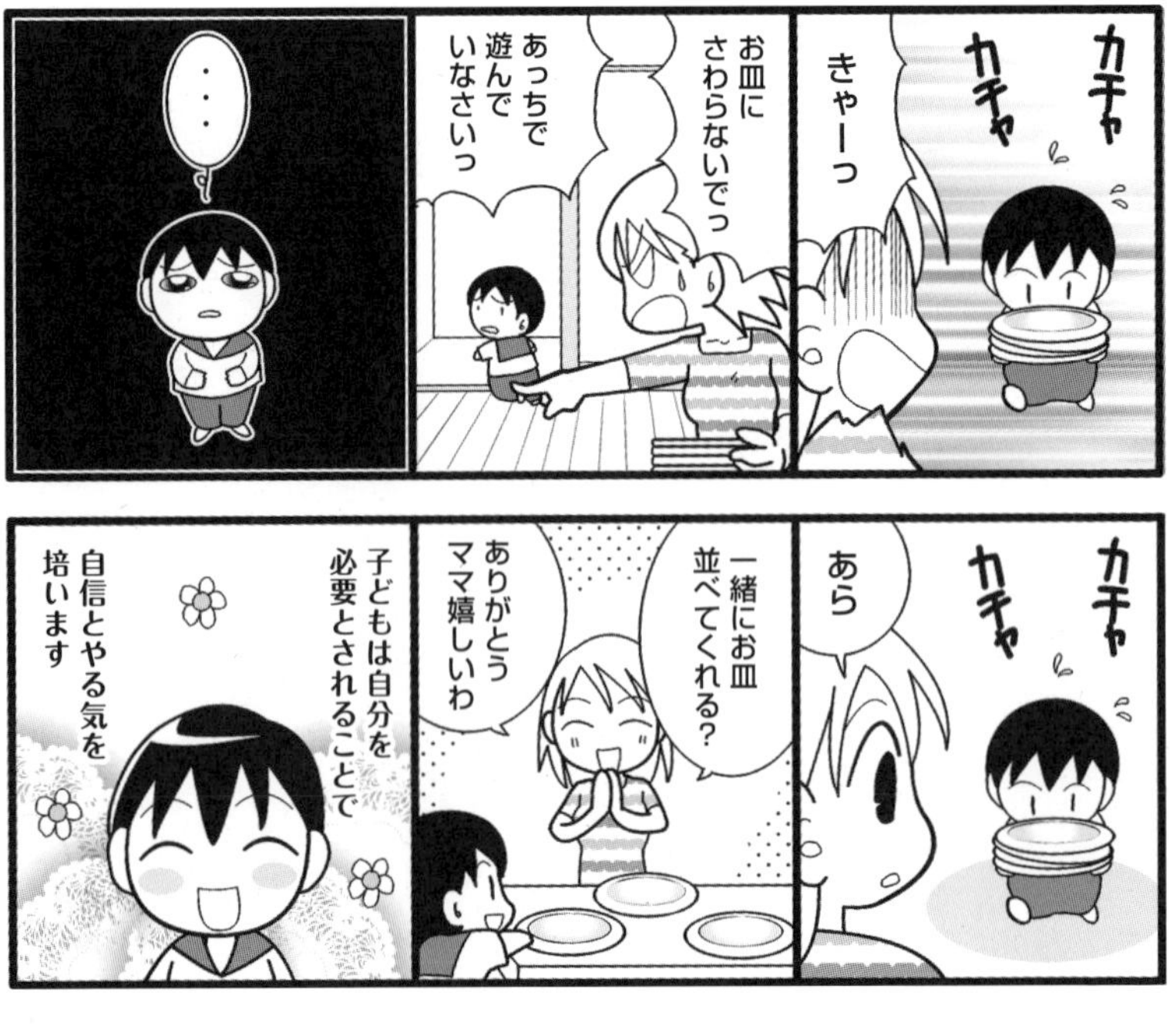
カチャ
カチャ
きゃーっ
お皿にさわらないでっ
あっちで遊んでいなさいっ
・・・
カチャ
カチャ
あら
一緒にお皿並べてくれる？
ありがとうママ嬉しいわ
子どもは自分を必要とされることで自信とやる気を培います

ょう。子どもはそう言ってくれるお母さんを当然信頼します。自分を必要としてくれるからです。

お母さんが子どもの幸せを願うのと同じように、子どもも「自分がいることでお母さんが幸せになる」ことを心から願っています。その気持ちに訴えたほうが、ただ、怒鳴って言い聞かせようとするよりもよっぽど効果的です。

乳幼児期の親子の信頼感の強さが、子どもの心に自信とやる気を培い、集団性と社会性を支えるのです。その基礎が親と子のお互いの必要性の確認にあります。

このような信頼感は、できるだけ幼児期から児童期にかけて育てることが大切です。少年期や青年期でも不可能ではありませんが、自我が強くなってきて、うまくいかないこともあります。

「自分でもお母さんの役に立てるんだ」という自分の評価を高める気持ちが、子どもを大きく成長させてくれるのです。

叩かれた子どもの心に残る消えない傷

先日、電車の中で見た光景です。3歳くらいの女の子を連れたお母さんが立っていました。女の子は、お母さんのスカートのすそにつかまっていたのですが、電車が揺れ出すとすそを強く引いたので、お母さんが手をつり革から離してスカートを直そうとしました。

そのとき、女の子が突然「ママぶたないで」と怯えた顔で叫んだのです。見ていた人々は唖然としました。

お母さんは鬼のような顔をして、

ぱしっ
なぜ子どもを叩くのですか?
私もお母さんに叩かれて育てられたからよ
しつけよしつけ!!
叩かれてどんな気持ちでしたか?
・・・

その子のほっぺたをパシッと叩き、「スカートを直したのよっ、何よっ、大きな声を出して。おばあちゃんならもっと叩くわよっ」と怒鳴りました。このお母さんは、やはりその母親に叩かれて育ったのでしょう。

叩かれて育った人は、親になったときに、またその子どもを叩くものです。

「言葉で言っても、言うことを聞かないから体罰をする」という考え方の根本的な間違いは、「では、体罰でも言うことを聞かなかった場合はどうするべきか」という問いかけがないところです。

「体罰では駄目だったから、言葉で言い聞かせる」のでしょうか？

それならば、最初から体罰などしなくていいはずです。

つまり体罰とは、大人が大人の都合によって最も楽な行動に出ていることを言います。

叩けば小さな子どもほど、その場の問題が治まったかのように見えるものです。ところが、実際はそうではありません。

叩かれた子どもの心に残るものは、憎しみと恐怖、あきらめ、そして自己否定感です。子どもの情緒の不安定を引き起こす、恐ろしい行為だと思います。

言葉で伝えて言うことを聞かなければ、まず教える側が教え方のまずさを反省するべきです。

教える立場の者（両親）が自らに向けるのが、本当の「愛のムチ」なのではないでしょうか。

尊敬される人に触れられると、子どもは賢くなります

「3歳の息子を育てていますが、言うことを聞かないとき、すぐ手が出て叩いてしまいます。いつも後悔しますが、イラつきます」

あるお母さんから、そんな相談がありました。

それで、私が「子どもが中、高生になっても叩きますか?」とたずねると、「そんな、自分より大きくなった息子は叩けません」と答えました。

つまり、このお母さんは、幼くて弱い、無抵抗な幼児だから叩けるというわけです。子どもが反抗できない弱みにつけこんで体罰をしています。これでは叩く行為の正当性はありません。

すぐに体罰する大人は、子どもに物ごとを教えるとき、伝え方の下手な人が多いようです。

このような人たちは自分の教え方のまずさを棚に上げて、子どもを叩く正当性を探しています。

どうして子どもに分かるように話せないのかと反

省する論理性に欠け、弱い子どもに自分の感情をぶつけて、ストレスを発散させている例が多いのです。

小学2年生の児童40人に「一番尊敬できる人は？」と聞くと、全員「お母さん」と答えました。「何でも教えてくれるから」がその理由だそうです。

また、「一番怖い人は？」と聞くと、こちらもやはり「お母さん」。理由は、「すぐ叩くから」でした。

子どもは尊敬する人に触れられると心地好さを感じて、脳内活性化ホルモンのアセチルコリンが増えます。つまり頭が良くなります。

反対に恐れを持つ人に触れられると怯えを感じて、脳内酵素遮断ホルモンのスコポラミンが増加します。

これらのホルモンは相反する作用を子どもの心身に与えます。せっかく尊敬され好かれているのに、一方で子どもを叩くことをつづければ、恐れと怯えをつくり出すことになります。

もしも、子どもがお母さんに反抗して、善悪の区別もつかないことをつづけるのなら、体罰を加えるよりも、そのように育ててしまった自分の対応のまずさを反省してください。そして、子どもに直接謝りましょう。

「お母さんが間違っていたから、○○ちゃんを傷つけて、寂しい思いをさせていたんだね。本当にごめんなさい」

必ず子どもの心に届きます。

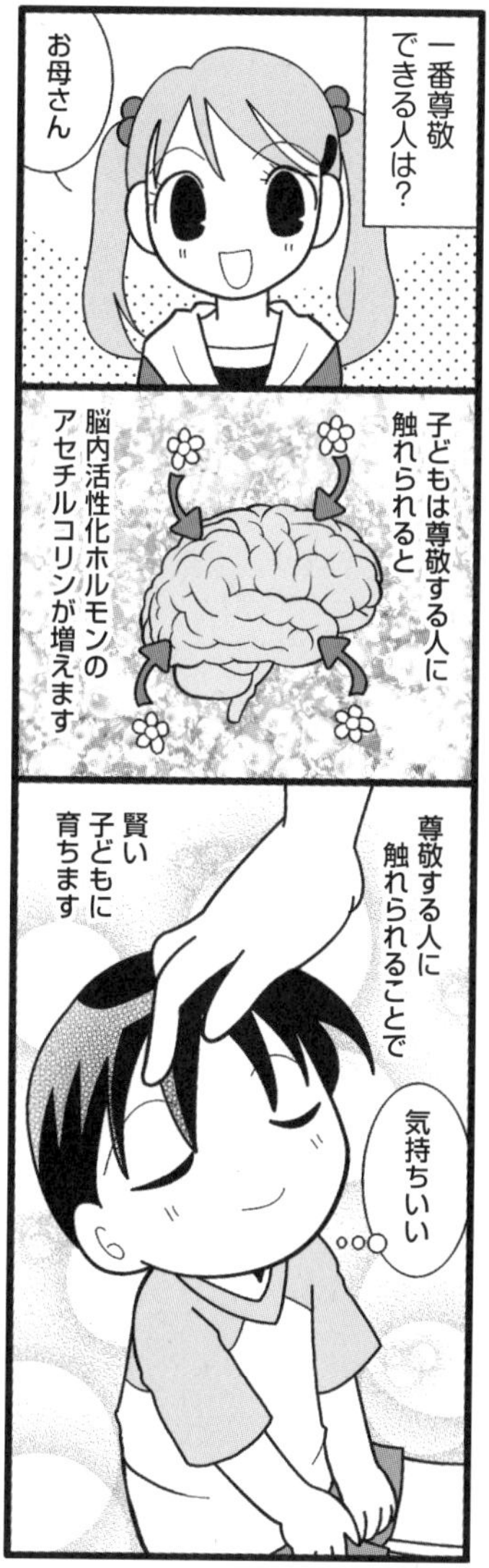
一番尊敬できる人は?
お母さん
子どもは尊敬する人に触れられると
脳内活性化ホルモンのアセチルコリンが増えます
尊敬する人に触れられることで
賢い子どもに育ちます
気持ちいい

バカと言いつづけると、子どもは本当に
バカになってしまいます

ある日、デパートに行ったところ、おもちゃを欲しがってダダをこねる子どもを、お母さんが叱りつけている姿を見かけました。

「駄目なものは駄目！　どうしていつもバカばかり言うのっ、ほんとバカじゃないの。○○は本当のバカだよっ！」

心理治療の中に暗示療法というのがあります。暗示には大きな影響力があるものです。子どもは純粋なだけに、暗示に非常にかかりやすいのです。

子どもに絶えず「バカ」と言いつづけると、「自分はバカだ」と思い込み、本当に愚かな言動しかとらなくなる子もいます。もちろん、そのような子の自己評価は、こちらが胸を痛めるほど低いものです。

子育てには良い意味で、暗示の力を活用したいものです。

蓄音機《ちくおんき》や白熱電球を発明した、トーマス・エジソンという天才発明家がいました。

彼のお母さんは、幼いエジソンに「トーマス、お前は天才だね。トーマスは賢いよ」とよく言い聞かせて育てた、という話が伝わっています。

子どもの短所を保護し、長所を発見して良い暗示をかけていたという例です。

もともと母子の愛の芽生えは自己暗示と他動暗示からはじまります。暗示は、子どもが幼いほど効果的です。

自己暗示はお母さん方にも良く知られていますが、他動暗示はあまり知られていません。

でも、子育てでお母さんが子どもに働きかけるときは、良くも悪くもこの他動暗示をかけている場合がほとんどです。

「やさしい子だね」「すごい！」「頭がいいね」「大好きだよ」「えらいね！」といつも良い暗示を与えつづけましょう。

良い「干渉」が子どもの自立心を育てます

子どもがやる気を出して行おうとしていることを、待てないお母さんがいます。たとえば、時間がないからといって幼児の足を取りクツを急いで履かせたとします。これをくり返していると「過干渉」になります。正常な「干渉」は、待つことからはじまると思ってください。

たとえ子どもがクツの左右を間違って履いたとしても、まずは「あら上手に履けたわね」とほめてあげましょう。

子どもがなんとなく歩きにくそうにしていたら、はじめて気がついたふりをして、「おや、右と左が違っているみたい」と言って、

過干渉
もたもた
あーもー時間がないっ
ママが履かせてあげるっ
良い干渉
できた
上手に履けたねー
でも前後反対だね もう1回自分で履いてみようか

子ども自身で履き替えさせます。これが待つということです。

子どもに対して「愛を込めて育成を願う」お母さんの言動は、命を育てるのに必要なものです。これが良い「干渉」の原則です。

子どもにとって「より良い生き方への応援歌」になるものとして「干渉」は必要ですが、不必要なのは、お父さんお母さんの都合を手取り足取り押しつける「過干渉」というわけです。

あるお母さんからこんな相談を受けました。

「8歳の息子についてです。朝の登校前のときなど、靴下を履いてもいないのに『履いた』とか、ハンカチやティッシュも用意していないのに『用意した』とか、すぐバレるウソをつきます。今はこの程度ですが、子どもを信じられなくなるのが不安です」

乳幼児期に過干渉や勘違いしつけの子育てをされると、子どもはよくこのような小さなウソ（言い訳）をつくようになります。

このウソはお母さんに良い子と思われて関心を引きたいからです。それが甘えの変形として表れているのです。

こんなときには、すぐにウソだと分かっても「○○ちゃんがそう言うなら、信じるわ」と受け入れます。人と人のかかわり合いのはじめにあるのが母子関係です。お母さんが子どもを信じなくて、誰がその子を信じるのでしょうか？

「○○ちゃんはきっと勘違いしたんだね。次から気をつけようね」と軽く聞き入れてあげましょう。小さなウソがいつか大きなウソになるのではないかと、心配の先取りまでするほどのことではありません。良い「干渉」でおおらかに子どもを見守っていきましょう。

使ってはいけない「ウソ言葉」と「ケチ言葉」

何を言っても子どもが言うことを聞いてくれないときがありますね。

「あーぁ、○○ちゃんなんて産まなければ良かった。お母さんの言うことひとつも聞かないのね。○○ちゃんなんか、大嫌い」

これでは、子どもはワァワァと大泣きし出しますし、お母さんもヒステリー状態になってしまいます。

よくある状況ですが、お母さんが心ない言葉を使ったときの一例ですね。

言葉はお母さんの心を子どもに伝える手段ですから、使うお母さんに心がなければ、伝わるものがありません。心にもない言葉

ウソ言葉
ギャーギャー
うるさいっ
そんなに泣く子はママ嫌いっ
ケチ言葉
ぐずぐず
なんで あんたは グズで どんくさいのっ
どちらも 子どもの心に
生涯残る傷を 与えてしまいます

など存在しないのです。これを「ウソ言葉」と言います。

また、子どものアラ探しをして欠点を次々と挙げて、「チビで、ノロマで、バカみたい」と、子どもに心ない言葉を浴びせているお母さんもいます。「ウソ言葉」と同様に、心ない言葉というのも存在しません。そんな言葉を使っているお母さん自身に、子どもの長所を見つけ出す心の大きさがないだけです。

私はこれを「ケチ言葉」と呼んでいます。

子どもの言葉を育てるお母さんの言葉づかいの中で、もっとも使ってほしくないのが、この「ウソ言葉」と「ケチ言葉」です。

この2つの言葉は、子どもの心に生涯残る傷を与えてしまいます。

子育て上手なお母さんは「ウソ言葉」や「ケチ言葉」は絶対に使いません。

逆に、子どもの話し方にうなずき感動する、たとえヘタな言葉づかいでもこだわらずに真面目に受け入れるのです。

お母さんが聞き上手になると、子どもの言葉が育ちます。感動こそ、子どもにとって最良の刺激になるからです。

chapter

4

子どもの自信を伸ばすママの力

大変で、大切なお母さんを、
みんなでサポート

甘えさせることの重要性、タッチング&ラブ・トークの重要性。子育てしつけの重要性。これらを思うと、子どもの心を最良に育てられるのは、やはりお母さんなのです。

こう言うと、必ず「家事、育児を女性に押しつけている」「女性蔑視だ」「性差別だ」「ジェンダーだ」という方たちがいるのですが、とんでもないことです。

私は「男性や社会全体は、母性を進んでサポートしなければいけない」という意味で主張しているのです。

自然の世界は女性を、大切な子どもを産み育てるように創造しました。そして、女性が母性を健やかに発揮できるように、サポート役として男性を創造したのです。

成長には、「心」と「体」と「知能」の3つの領域があります。このうち、「体」や「知能」の教育はお母さんでなくてもできます。お父さんでもいいし、専門家のフォローを得てもいいでしょう。

また、おしめを変えたり、お風呂に入れたり、山のような洗濯物を片づけたりすることも、誰がしてもいいのです。子育ての「雑用」と「心を育てること」は違います。

子どもの心を育てる責任者は、お母さんが最適にして最良なのです。

子どもの心は、ほとんどが自分を取り巻く人間たちからの影響で決まります。その影響力には順番があって、一番大きな力を持つのがお母さんなのです。

お父さんももちろん影響力を持ちますが、お母さんの力ほど決定的ではありません。

子どもの生命はお母さんの体内で誕生します。そして、子宮の中で10カ月も過ごします。栄養も周囲の音も動きも、すべての刺激をお母さんの体を通して受けます。外界の音は聞こえなくても、お母さんの声だけは振動として伝わります。

誕生後も、赤ちゃんはお母さんの胸に抱かれます。あやしてもら

子どもの心を育てるのはお母さんの役目です
これを育児の「雑用」と勘違いしてはいけません
炊事
洗濯
掃除
ひー
買い物
おむつ替え
お母さんが子どもの心を育てるのを
これ干したらごはん作るね
まわりでサポートしてあげましょう!!
ありがとう

うときも、子守唄を歌ってもらうときも、授乳も添い寝も、他の人では心の栄養不足になるのです。

子どもを産むのは母親です。子育ての専門家はお母さんを置いてはいないのです。これは性差別ではなく、自然界の定めた区別なのです。

だからお母さんは大変です。妊娠したときから、大変な使命と任務を背負うことになります。

もちろんお父さんにも使命があります。教育に関しては父親の力が重要ですが、もう少し先のお話しですね。

3歳までは、お父さんはお母さんのサポート役に徹してがんばりましょう。それが2人で子育てするということなのです。

お手伝いで
子どもの生きる力が育ちます

あなたは幼児に家事のお手伝いをさせていますか?

ある大学の部活動の合宿でのこと。食事の支度のとき、新入生の後輩がご飯の炊き方を聞いてきたので、洗って炊くのだと教えたところ、台所用洗剤でお米を洗って炊いたそうです。ウソのような本当の話です。

自立心は、日常の活動を自分でコントロールできるときに根づきます。「赤ちゃんにも、できることは自分でさせなさい」と言うと、中には思い違いをして、赤ちゃん自身にほ乳ビンを持たせ、自己授乳をさせるお母さんがいますが、これは間違いですからやめましょう。

料理、洗濯、掃除から買い物まで、幼児でもできる家事は多くあります。

お母さんはそれなりに考えて、いろいろなお手伝いをさせましょう。ただし、少しでも危険な物ごとは避けて頼むこと。

また、子どもに家事の手伝いをさせるときには、心して「あれをしなさい、これをしなさい」という命令言葉は使わないようにしましょう。お母さんの言葉に命令調が多くなれば子どもは逃げ腰になります。また、「おこづかいをあげるから」と言って子どもに何かのお手伝いを頼む人がいますが、あまり感心しません。

それよりも「お願い」「頼む」「助かったわ」「ありがとう」という言葉を用事の前後に重ねることです。さらに、ほっぺにチュッとやってあげれば、子どもは喜んでお手伝いをするようになります。子どもに自信が生まれるからです。

幼児の家事手伝いの報酬は、お母さんの感謝とお礼の言葉だけにしたいものです。

もともと子どもは家事手伝いの中で、遊ぶ、学ぶ、働くという、生活の自立を体験して成長していたものです。

いまは子育てと教育のゆがみとともに、重要な「働く」がどこかに消えてしまい、ただ、遊ぶ、学ぶという自己中心的な環境に置かれてしまったのです。

子どもに伝えるべきは、人は人の役に立つために働く、

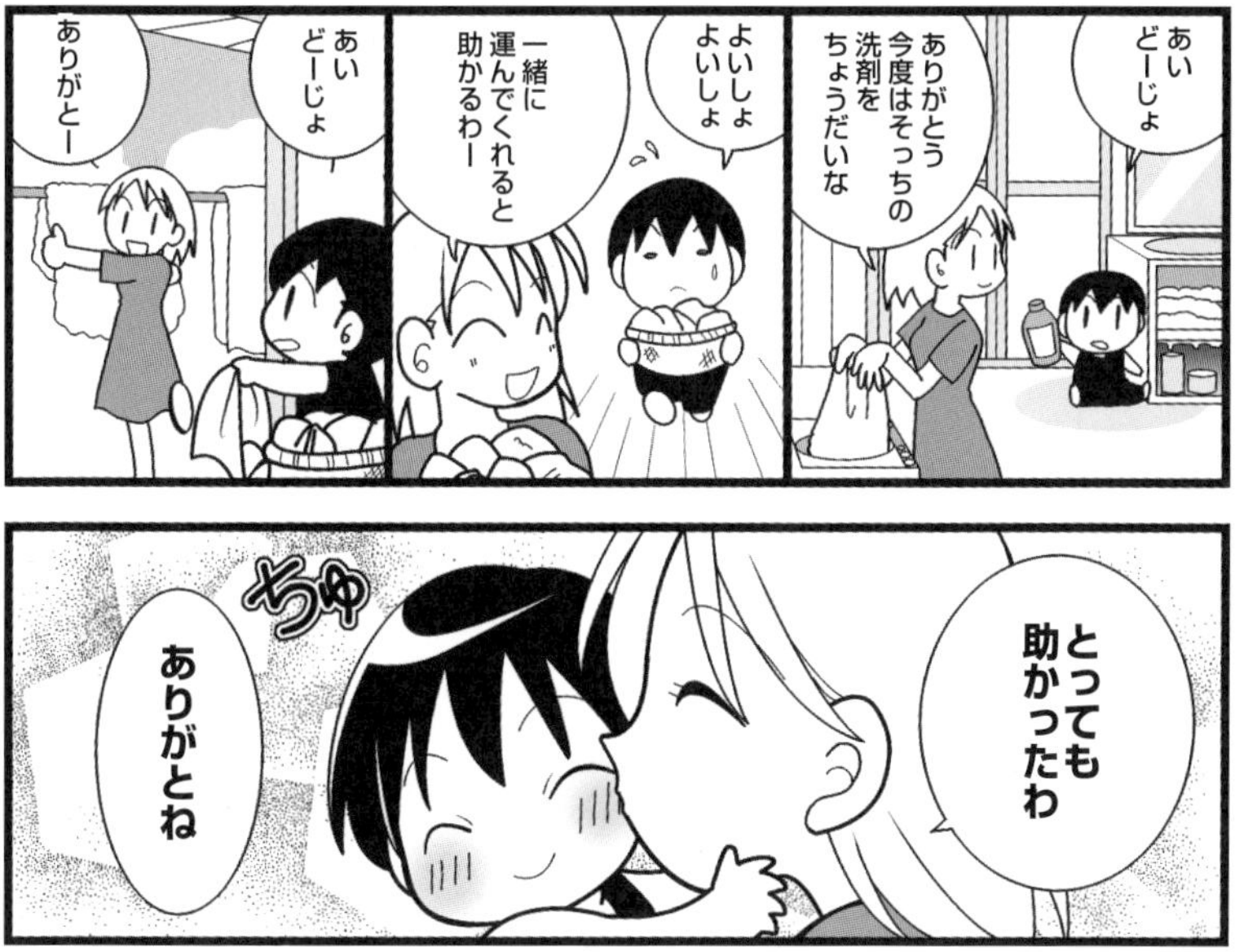

そのために必要なことを学び、そのために休み、遊ぶということではないでしょうか?

つまり働く目的を見失うと、学ぶ意欲も理解できなくなるということです。子どもは多くの家事を手伝う中で、自分の長所や短所に気づき、将来の生き方や職業の選択まで考えるようになります。これが本当の自立への働きです。

学ぶ
遊ぶ
働く

仲の良いきょうだいを育てるときのルール①

「お母さん、僕はどうしてひとりぼっちなの？　弟か妹がほしいよ」

そういつも言っていた3歳の男の子に、待望の妹が誕生しました。お母さんは1週間ぶりに、産院から赤ちゃんを連れて自宅に帰ってきました。

身内や友人が「おめでとう」と祝福してくれます。生まれたばかりの赤ちゃんはみんなの人気者です。

ところが、ひとりだけふくれっ

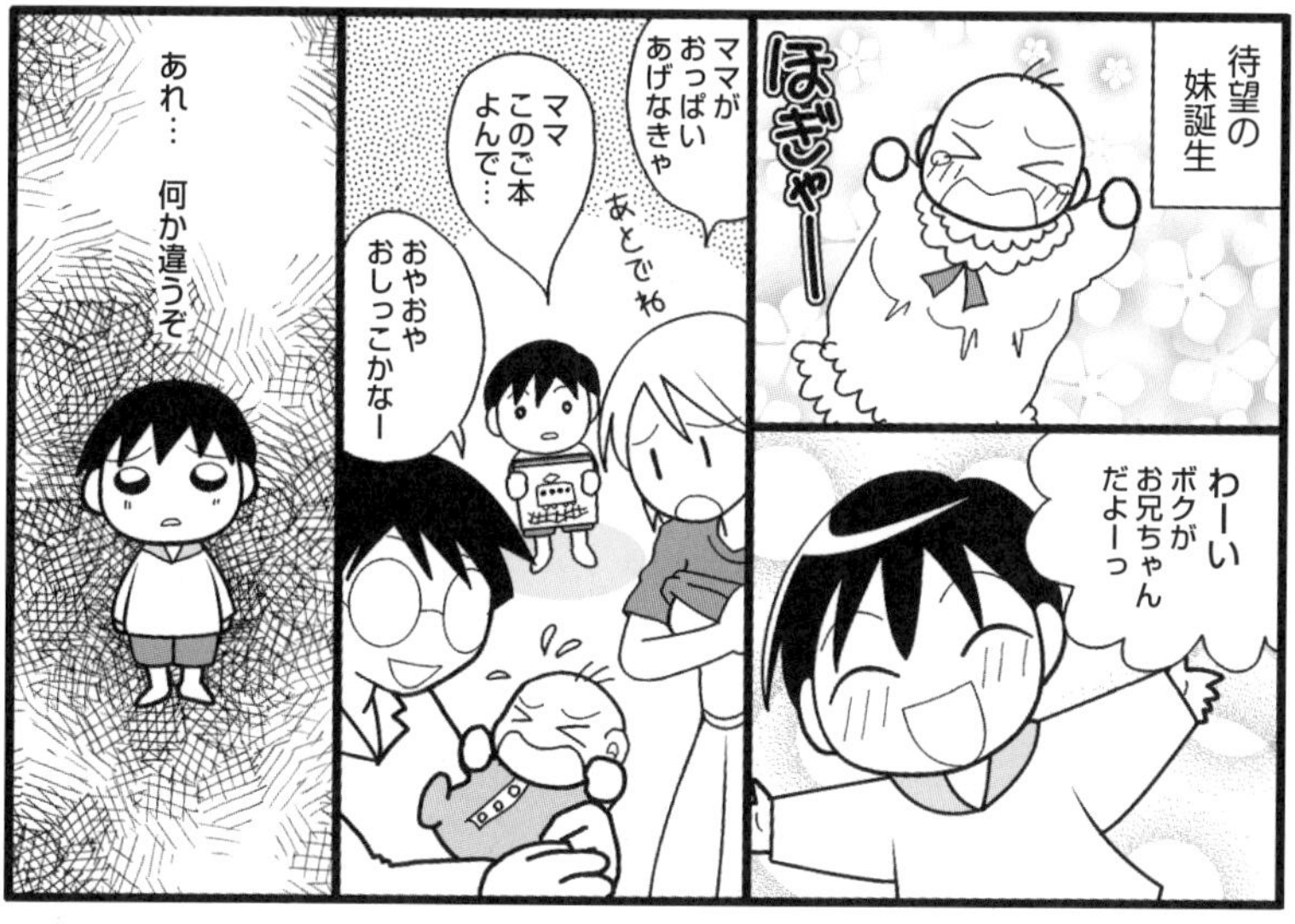

面の子がいます。下の子を一番待ち望んでいたはずのお兄ちゃんです。「こんなはずじゃなかったのに……」が、そのときの上の子の心の思いなのです。ひとりっ子の孤独は嫌ですが、のけ者扱いはもっと嫌だからです。

この心は、下の子が生まれたとき、すべての上の子が抱く思いです。「きょうだい」を育てるとき、お母さんはぜひ、上の子のこの心のわびしさや悲しさを理解し、受け入れ、思いやりを持って接してください。両親の願いどおり「仲の良いきょうだいに育つ」かどうかの方向が、このとき決まるからです。自分はのけ者だと思えば、下の子を強いライバルだと思うのです。

たいていのお母さんは「きょうだいは差別なく愛して育てています」と思っていますが、これがなかなかそうはいきません。その思いは子どもの思いとすれ違いになり、ほとんどの場合、上の子は「差別された」と思っているようです。

たとえば5歳、3歳、1歳の子どもが3人いるとき、おやつのスイカを

「公平」に3等分してあげると、3歳の子にはちょうど良い量ですが、1歳の子には多すぎます。5歳の子には不足です。体の成長度を考えない不平等さが残ります。きょうだいの育て方では、それぞれの成長差、身体的な充足度を考えて与えましょう。

また、身体的な充足度を高めているお母さんでも、案外見落としがちなのが、心の充足度です。子どもの心、とくに情緒は日常的に揺れ動いています。

きょうだいの育て方で大切なのは、それぞれの子どもの心の状態を知り、一人ひとり対応を変えるということです。その心の状態に合わせて区別して育てること。それが仲の良いきょうだいを育てるためのルールとなります。

仲の良いきょうだいを育てるときのルール②

下のきょうだいが生まれて、孤独を感じている上の子に、「愛されている実感」をインプットするには、どの子も平等に愛情をそそぐのではなく、そのときそのときで一番親の愛情を必要としている子に、時間差で愛情をそそいでいきましょう。

子どもの精神状態は毎日変わります。情緒はたえず変化するのです。学校の先生に頭をコツンとやられただけで、情緒がガタガタと不安定になったりします。その精神状態によって、区別して接しなくてはいけません。

とくに下に弟や妹が生まれると上の子の心理は不安定になるものです。こんなときもある期間キッパリと「上の子優先」に決めます。

私のところにもよく「5歳になる上の男の子が、私の体にさわりたがって気持ちが悪いんです」なんていう電話がかかってきます。

「冗談じゃありません。うんとさわらせてやりなさい。添い寝をして、おっぱいをさわりたがったらさわらせて、飲みたがったら飲ませてやることです。

早ければ数日、遅くても2、3カ月で治ります」とお答えします。まだ自分が甘えたりないうちに、下の子が生まれて、欲求が残っているのです。

赤ちゃんにちょっといじわるをするくらいならいいですが、ひどい様子であれば、思いきったリハビリにします。

下の子はお父さんと寝て、お母さんは上の子と寝るのです。時間をずらして添い寝、などという中途半端なことをするのではなく、上の子とお母さんの1対1で治します。

下の子はお母さんと離れても大丈夫です。生まれたときからお兄ちゃん（お姉ちゃん）がいる環境で育っているし、何より授乳やおしめの取替え、抱っこなどで、母親と接触している安心感があります。おかしくなるのはだいたい上の子のほうです。

上の子が安定して「もう大丈夫」となったら、今度はそれまでちょっとおあずけをくっていた赤ちゃんに、目いっぱいの愛情の大量投与をしましょう。そのときに、上の子に赤ちゃんを育てるお手伝いをさせましょう。

ただ、「○○ちゃんはお兄ちゃんなんだから、赤ちゃんの面倒をみてね」というのはいけません。上の子に保護者になってもらうわけではないのです。あくまで、お母さんが下の子のお世話をするお手伝いをさせましょう。

「○○ちゃん、そこのおむつ持ってきてくれる？」「ありがとう、ほら、赤ちゃんも喜んでいるよ。ありがとうって言っているよ」と、お礼を言います。

すると、上の子に下の子への愛情が生まれるのです。

また、下の子が少し成長して1、2歳になったら、お兄ちゃんがお手伝いしたときの話をしてあげましょう。そうすると、下の子はお兄ちゃんに信頼感を持つのです。

仲良しきょうだいはこうして育っていきます。

子どものプライドを大切にしてあげましょう

命は感じることで進化してきました。

子育ては、育てられる子どもがどう感じるか、お母さんはどう感じて育てるか、すべてが母と子の感じ合い方で決められてきました。

感じる力を強く育てるということは、命の免疫力を高めるということです。

そして弱い命ほど感じ方が強いのは自然のルールなのです。

子どもは幼いほど感じる力が強いものです。そうでなければ、弱い命はこの自然界で成長できません。ですから、お母さんは子どもの感じる力に応じて、最も良い触れ合い方を心がけましょう。

よく、子どもは未完成の大人だから、幼いころから厳しく育てるべきだと言う人がいますが、子どもは決して「小さな大人」ではありません。

子どもは1歳でも、10歳でも、そのときどきの子どもとして完成されているることに気がつきましょう。

生後3カ月の赤ちゃんに話しかけてみましょう。言葉は理解できなくても、呼びかけられていることは分かります。

「綺麗なお目め、可愛い赤ちゃんねー」と言えば、赤ちゃんは顔を向けてにっこりと笑います。ほめられているのを感じているのです。

反対に、「おや、変な顔の赤ちゃん、おかしいわぁ」とつぶやくと、同じ赤ちゃんでもたちまちプーッとふくれて泣き出したりします。バカにされたと感じたのです。

赤ちゃんにもプライドがあるのです。誇りがあるのです。

子どもの自尊心を守ってあげましょう。赤ちゃんだから幼児だからとプライドを傷つけてばかりいると、子育てはうまくいきません。

子どもが何かを上手にできたときも、本心から「すごいね」と言ってあげましょう。ほめられたことに照れている子どもを横目に、「子どもだから照れているよ」などと、まわりの大人が笑っていたら、ほめた事実もすべて台なしになります。大人が本心からほめていないことに、子どもは傷つくからです。同時に自信も失ってしまいます。

自分に自信のない子どもが増えているのは、乳幼児のとき、たびたび傷つけられた経験をした子が増えているということなのではないでしょうか。

長いまつげの可愛いお顔ねー
にこ
にこ
わー変なお顔
ぷー
子どもにもプライドがあります
子どもでもプライドを傷つけないようにしましょう

100%の愛が、
強くやさしい子に育てます

お母さんの中には、子どものできない面を数えたてて、子どもを理解していると考え違いをしている人がいます。これでは子どもの心は開かなくなります。長所を見つけて教えて認めるようなお母さんになってください。

人は誰でも多くの長所と短所を持っています。子どもを愛するとは、その長所と短所をまとめて好きになることです。子どもは愛されることで自信を持ち、直すべき短所があれば、「自身で正していく」ようになるのです。

気の弱いところがあってすぐ泣く子は、感受性の豊かな子です。

ちょっと乱暴な子は、本当は正義感が強く元気があり、人に気をつかえるやさしい心の持ち主です。

いいところをほめて、抱きしめます。これが愛情なのです。

自信がぐらついている子どもは、自身の短所を分かっていても、直すエネルギーが出てきません。それでいつまでも短所を引きずることもあるのです。欠点というのは、直そうとそこをつついてもかえって大きくなっていくものです。

それよりも、直すためのエネルギーを増やしてあげることを考えてあげましょう。

愛はエネルギーですから、お母さんの愛をまともにあふれるほどそそいで、自信過剰になってまわりに嫌がられる子どもも中にはいます。

愛を物やお金に変えてそそぐと甘やかしになり、人の心を無視する自己中心の子どもに育つからです。

この間違いさえなければ、お母さんの心の愛をあふれるほど受けて、自信過剰になるのは幸せなことです。社会に出れば足を引っ張る仕組みは山ほどありますから、親によって、足を引っ張られたときの予行練習をする必要はありません。

自分の足で立っていられる自立心は、愛情により育てられるからです。

多くのお母さんは当然子どもを愛していますが、子どもにうまく伝わっていない場合があります。愛情のすれ違いです。そのたびに子どもの自信はぐらつきます。そのすれ違いを防ぐのが愛の具体性なのです。

特に幼児には、「愛しているよ」と100回言葉で言うより、

愛してるよ
愛してるよ
愛してるよ
愛してるよ
愛してるよ
愛してるよ
愛してるよ
100回言うより
1度抱きしめるほうが伝わるのです

1度抱きしめるほうが効果的に伝わります。

具体的な愛には、けっしてすれ違いが起こりません。愛は具体的に示して、はじめて子どもの心を動かすと覚えてください。

子どもは3歳までに一生分の親孝行をしてくれる、と言われているくらい、可愛らしいことを毎日たくさんしてくれます。お母さんとお父さんの心を豊かにしてくれる、素晴らしい存在です。

心から愛情をそそげる存在がいる、ということはとても幸せなことだと思います。

愛がたくさん伝わっているなと感じられると、子育てはもっと楽しいものになります。だからたくさん抱きしめて、いっぱいなでてあげましょう。

お母さんの愛情を100%感じてこられた子どもは、強くやさしい子に育つでしょう。

エピローグ

私は今から38年前に、ある衝撃的な事件の新聞記事を読みました。それは、母親の手によって子どもが殺された、という記事でした。今では連日のように報道されるような種類の事件でも、その時代ではそんな恐ろしい事件は人心の荒廃の予告と感じました。

当時私は、子育てに関する書籍を作る出版社で、編集長をしていました。理念を持って育児書を作っていましたが、世の中ではわが子を殺してしまうほど子育てに悩み苦しんでいるお母さんがいるのだということを、記事を読んで痛感したのです。

今すぐ自分にできることは何かを考え、私は出版社を辞めて、「子育て一一〇番」という電話相談室を開設することにしました。お母さん一人ひとりに接しながら、その悩みの渦から何とか抜け出すお手伝いをしたいと思ったからです。

約30年間、お母さんから寄せられる悩みは、まったく変化していません。いくつ世代が変わっても、みんな同じ悩みを持っています。

しかし、どのお母さんもある気づきだけで、子どもを立派に育てあげているのです。

その気づきとは、子どもの甘えに愛を持って応えるということです。その単純明快な母と子の心の交流が、子育ての悩みからお母さんたちを解放してくれます。


子どもがかけがえのない存在なのは、これからの未来で素晴らしい功績を残す可能性があるからです。人を救う何かを発明・発見するかもしれません。だから子育ては、人が行っている働きの中でもっとも崇高な仕事なのです。

あなたのお子さんの成長を、世界の人々が待ち望んでいます。

あなたと、あなたの愛情に包まれたお子さんの未来が、素晴らしいものになることを心より祈っております。どうもありがとうございました。


あとになりましたが、お母さんたちへの熱き思いで行動されている、総合法令出版営業部の熊切絵理さんと、若いセンスとみずみずしい表現をもってまとめていただいた、編集担当の有園智美さんに心より感謝いたします。
そして、可愛らしいイラストでお母さんと子どもの、生き生きとした接し方を描いていただいた、マンガ家のまつやま登先生に心よりお礼を申し上げます。

信　千秋

著者紹介

信　千秋（しん・せんしゅう）

横浜市出身。

1960年より母子教育のテキスト企画と編纂に従事する中で、1975年、続発しはじめた母子関係のトラブルの解決にと、相談電話、子育て一一〇番を開設。以来約30年間、アドバイザーとして3万7500人の親たちの心の子育ての悩み相談に応えてきた。

助言は、母子教育書を編纂する過程で多くの医学者や教育学者、哲学者、自然科学者の方々との交流で学んだものと、さらに自然科学の生物生理学の応用によるユニークな独自の子育て論を系統立てた周産期教育理論で裏付けされたものである。

この周産期教育理論よりマーメイド胎教セミナーを21年前に開講。その主任講師として指導中。現在までの受講者は5000余名となっている。

新しい心の子育ての教育論の三原則、心育、音育、動育は、具体的な母子相互関係構築の子育て法として、各マスコミでもたびたび報道されている。

◆周産期教育研究会主宰
◆子育てサポート指導者研修会講師
◆マーメイド胎教セミナー主任講師
◆成人学級テキスト企画研究室室長
◆親子療育相談心育コンサルタント
◆情緒障害一一〇番主任カウンセラー

子育てを楽しくする情報

●周産期教育研究会
（心の子育てや胎教の研究を行っています）
●マーメイド胎教セミナー
（周産期教育と近代胎教の講習会、妊娠前も歓迎）
●親と子の心の療育相談室
（心の子育ての相談と指導を行っています）

（お問い合わせ）
信千秋事務所
TEL：072（245）2222

マンガ・イラスト

まつやま 登（のぼる）

1991年、双葉社のゲームコミックでデビュー。

その後エニックス、エンターブレイン、宙出版などのゲームやアニメ、ペットの漫画等を描く。

現在も体験漫画や子供向けの漫画を描く機会が多く、毎月21日発売『ファミ通 DS+wii』（エンターブレイン刊）にてゲームのコミックを連載中。『リセット！――タバコ無用のパラダイス』（磯村毅著／幻冬舎刊）、『子どもが英語を話しだす』（船津洋著・七田眞監修／総合法令出版刊）のマンガ・イラストを担当。

2005年7月生まれの男児の母。

自身の著書には、『どうぶつの森＋ぷりん日記』（双葉社刊）がある。

編集協力

株式会社 トレンド・プロ

1988年創業。マンガを活用した新聞・雑誌の広告特集や、官公庁から大手企業、団体など幅広い分野のマンガ広告制作を請け負う。近年はデジタルコンテンツを利用した広告制作や出版企画事業にも積極的に参入。過去製作実績はホームページにて公開中。

http://www.ad-manga.com/
東京都港区新橋2－12－5 池伝ビル3F
TEL：03（3519）6769
FAX：03（3519）6011

マンガでよく分かる！
子どもを伸ばす甘えのルール

2008年10月8日　初版発行
2010年12月27日　2刷発行

著者　信　千秋
発行者　野村直克
発行所　総合法令出版株式会社
〒107-0052
東京都港区赤坂1-9-15　日本自転車会館2号館7階
電話　03-3584-9821
振替　00140-0-69059

印刷・製本　中央精版印刷株式会社

ISBN978-4-86280-098-5
落丁・乱丁本はお取替えいたします。
総合法令出版ホームページ　http://www.horei.com/

信 千秋の好評既刊

甘えのルール
赤ちゃんにあなたの愛情を伝える方法

子どもの心の育成に大切な甘えの質と、それを満たす時期のルールを解説。

1300円+税

しつけのルール
3つのコツで楽しく子育て

母子関係改善指導のプロが、独自の子育て論に基づき、上手な子育ての秘訣を伝授。前作『甘えのルール』の姉妹編。

1300円+税

お母さんの「育児力」が強くなる12のルール

子育てには自然界が定めたルールがある。それに基づくコツとタイミングさえおさえておけば、子どもの心と体はすくすく育つ。

1300円+税

子どものやる気は肌で育つ

子どもは抱きしめた分だけ強く、優しくなる。愛情が100%伝わるタッチングの魔法とは？　子どもの自立に必要な六感覚を育てるための方法。

1300円+税

おなかの中からはじめるハッピー子育て

胎児から3歳までが子どもの人格がつくられる一番大事なとき。本書では、素直なやさしい子に育てるためのコツを紹介。

1300円+税